Wahrnehmungsgeographische Studien zur Regionalentwicklung an der Universität Oldenburg

herausgegeben von
Dr. Rainer Krüger
Professor für Geographie

Bibliotheks- und Informationssystem der Universität Oldenburg
1988

Wahrnehmungsgeographische Studien zur Regionalentwicklung

Heft 5

Rainer Krüger

Die Geographie auf der Reise in die Postmoderne?

Bibliotheks- und Informationssystem der Universität Oldenburg
1988

Verlag/Vertrieb: Bibliotheks- und Informationssystem der Universität Oldenburg, Uhlhornsweg 49-55, 2900 Oldenburg, Tel.: 0441/798 2261

Druck: Druckzentrum der Universität Oldenburg

Bindearbeiten: Buchbinderei der Universitätsbibliothek Oldenburg

ISBN 3-8142-0295-3

*Tot werde ich sein,
wenn ich nicht mehr höre,
was mir einer von sich erzählt.*
(Elias Canetti, Die Fackel im Ohr)

I.

Postmoderne Sozialgeographie - endogene Regionalentwicklung:
Überlegungen zu einem ungelösten Praxisfall (Ostfriesland)

II.

Stadtentwicklung zwischen Sein und Schein: theoretische
Überlegungen zur Funktion von Stadt-Images und zu ihrer Analyse

Inhaltsverzeichnis   **Seite**

Vorwort   13

I   **Postmoderne Sozialgeographie - endogene Regionalentwicklung: Überlegungen zu einem ungelösten Praxisfall (Ostfriesland)**   17

1. Die sozioökonomische "Großwetterlage"   17
2. Unverbindliche Sinngehalte in der Postmoderne: die Unterordnung der Wahrheit unter den Reiz   18
3. Zum harten Kern der Postmoderne: Flexible Akkumulation und High-Tech   20
4. Räumliche Folgen in der Postmoderne: der "neue Raum der Produktion" und die "elektronische Gestaltung" der Reproduktion in Stadt und Land   21
5. Gesellschaftliche Zukunft in der Postmoderne: "Spiel-Räume", "Räume der Resignation" oder "Räume der Hoffnung"?   22
   - a) "Räume der Resignation" neben "Spiel-Räumen"   23
   - b) Zufriedenheit in und mit "Spiel-Räumen"   24
   - c) Hoffen auf "Räume der Hoffnung"   24
6. Ambivalenzen der Raumorganisation zugunsten endogener Entwicklungen   26
7. Eine philosophisch-postmoderne Gratwanderung zur Legitimation von Hoffnung auf endogene Regionalentwicklung   27
   - a) Begründung endogener Vielfalt und ihrer regionalen Wirksamkeit über das postmoderne Konzept der "Mehrsprachlichkeit"   28
   - b) Kann es "vernünftige" Vernunft geben? - Eine sprachphilosophische Frage   29
   - c) Die Notwendigkeit gesellschaftlicher Strukturveränderung für die Vollendung der Moderne   35
   - d) Der Maßstab endogener Regionalentwicklung: gleichwertige Lebensbedingungen in Form "postmoderner Gerechtigkeit"?   38

8.	Ostfriesland: Zur Ausgangslage eines peripheren Raumes für endogene Regionalentwicklung	49
9.	Beispiele "postmoderner Strickmuster" eigenständiger Regionalentwicklung	53
10.	Sozialgeographen sind zu Forschungskonzepten eigenständiger Regionalentwicklung aufgefordert: eine Kurzinformation zur Oldenburger Regionalforschung über Ostfriesland	57
11.	Schlußbemerkung	61
II	**Stadtentwicklung zwischen Sein und Schein - theoretische Überlegungen zur Funktion von Stadt-Images und Ihrer Analyse**	**63**
1.	Das Stadt-Image als "weicher Standortfaktor": zum Begriffsinhalt und seiner Bedeutung für die Stadtentwicklung	64
1.1.	Konzept der Imageproduktion für die Stadt	66
1.2.	Kritik an der "Inszenierung städtischer Scheinwelt"	68
1.3.	"Postmoderne Spielräume" in den Mehrfachcodierungen der Stadtgestaltung und Imageproduktion	70
2.	Das Individuum und seine Stadtwahrnehmung: subjektives Erleben als Wirklichkeitsverzerrung selbstbestimmte Aneignung städtischer Lebenswelt	71
2.1.	Vorstellungsbilder in normativ verstandenen Wahrnehmungsprozessen objektivierbarer Umweltbeziehungen	73
2.1.1.	Gestaltinduzierte Vorstellungen	74
2.1.2.	Vorstellungen in Prozessen sozial differenzierter Umweltwahrnehmung und Verhaltensweisen	76
2.1.2.1.	Subjektive Landkarten (mental mapping)	76
2.1.2.2.	Die Verhaltensrelevanz bei Vorstellungsbildern	76
2.1.2.3.	Kognitive und affektive Erlebnisprofile	78

2.1.3.	Semiotischer Erklärungsversuch zur Entstehung von Vorstellungsbildern	80
2.2.	Vorstellungsbilder in interpretativen Wahrnehmungsprozessen bedeutungsvoller Umweltbeziehungen	81
2.3.	Vorstellungsbilder unter Betonung affektiver Umweltbeziehungen nach psychoanalytischen Ansätzen	84
2.4.	Die Notwendigkeit kritischer Gesellschaftstheorie zur Relativierung subjektivistischer Wahrnehmungskonzepte; zur Rolle objektiver Bedingungen sozialer Interaktion	87
2.5.	Prospektive Vorstellungen über die Stadt im Vorgang ihrer Aneignung und die daraus folgende Implikation für eine differenzierte Stadtforschung	89
2.5.1.	Vorstellungsbilder im Zusammenhang selbstbestimmter Stadt-Aneignung	89
2.5.2.	Die methodologische Konsequenz aus der Verschränkung von Objekt- und Subjektbezug in der Analyse von Stadtentwicklung	91
3.	Arbeitshypothesen als Konsequenzen der theoretischen Erörterung zur Genese von "Image" und "Vorstellungsbild"	92
4.	Methodologische Konsequenz aus der theoretischen Begründung unterschiedlicher Funktionen der Stadtwahrnehmung: methodischer Pluralismus	95
5.	Schlußbemerkung	98
III	**Literaturverzeichnis**	99

Vorwort

Mit dieser Veröffentlichung möchte ich die theoretischen Gedanken zu unseren jetzigen Forschungsprojekten aus meiner Sicht in die beiden folgenden Beiträge fassen. Anlaß und Herausforderung für ein solches Vorhaben ergeben sich aus ganz unterschiedlichen Beobachtungen von Veränderungen in der Erfahrung meiner Außenwelt.

So sprengt die Beschäftigung mit anwendungsbezogenen Fragestellungen in mehrfacher Weise bekannte Schemata wissenschaftlicher Arbeit und gesellschaftlicher Realität, verschiebt sich die Gesamtlage in der Universität und draußen im Wahrnehmungsfeld der Forschung, sie ist irgendwie "postgewohnt" geworden.

Ist das nun alles "postmodern"?

- Mitarbeiter(innen) in Forschungsprojekten sitzen überhaupt nicht mehr auf Zeit-Planstellen, sondern auf kurzfristigen Drittmittel-"Schleudersitzen" und engagieren sich dennoch kreativ und oft mit viel Freude in der Forschungsarbeit. Wie beschämend - und meist hilflos - sehen wir universitären Stelleninhaber diese Zustände, gerade wenn wir uns von ihrer Arbeitsmotivation und neuen Ideen von ihnen gern anstecken lassen.

- Wir selbst werden nicht mehr so sehr auf "einheitlich" getrimmt, oder lassen es nicht mehr zu. Nicht nur die gelobte Pluralität der Lebensstile wird zunehmend - nicht nur als Mode - ernst genommen. Auch Wissenschaftler dürfen die maßgeschneiderten Kostüme ideologischer Einbahnstraßen, ob links oder rechts, verlassen und in unterschiedlichen theoretischen Erkenntnisfeldern grasen. Hoffentlich gelingt es dabei, so selbstkritisch zu bleiben, daß man sich nicht in einem unverbindlichen Legitimationsgemisch opportuner Standpunkte verliert, sondern bei aller Differenzierung der Gedankenläufe an der rechten Stelle und im notwendigen Moment auch gesellschaftskritisch eindeutig "Flagge zeigt".

- Unsere strukturschwachen Städte und Regionen zeigen in ihrer ökonomischen Entwicklung nicht die bislang zum Maßstab gesetzten "Fortschritte". Tatsächlich leben zunehmend viele Menschen materiell immer schlechter. Und doch sollen morgen Schwächen Stärken sein, sollen in stagnierenden Städten bewährte Milieus und auf dem Land verborgene "endogene Wurzeln" die Keime "neuer Urbanität und Regionalität" enthalten. Wie unglaublich und doch bedenkenswert.

Die Frage ist, in welcher Weise die Kultur-/Sozialgeographie auf die im letzten Punkte angeschnittenen Veränderungen von Raumstrukturen als Folge des gesellschaftlichen Wandels reagiert. Ist insbesondere versucht worden, solche jüngsten Stadt- und Regionalentwicklungen im Lichte der Diskussionen und Interpretationen von Gesellschaftstheorie, Philosophie, Kultur- und Sozialwissenschaften zu sehen, die sich ausführlich dieser Problemlage unter dem Thema der Kontinuität der Moderne oder ihres Umbruchs zur Postmoderne beschäftigen? Da eine solche Erkenntnislinie postmoderner Interpretation von Raumentwicklungen bislang kaum als Anliegen der geographischen Wissenschaft auszumachen ist, dürfte in der Tat in Frage stehen, ob sich die "Geographie auf der Reise in die Postmoderne" befindet. Deshalb ist zurecht der Obertitel der Veröffentlichung mit einem Fragezeichen zu versehen.

Die beiden folgenden Beiträge stellen den Versuch einer solchen Verbindung des allgemein theoretischen Diskurses zum Wandel der Gesellschaft mit fachtheoretischen und anwendungsbezogenen Zielbestimmungen dar. Obwohl damit die Überlegungen stärker auf abstraktere Gedankenführung abheben, sind sie doch konkret an unseren Forschungsvorhaben über Oldenburg und Ostfriesland festgemacht.

Für mich selbst war die Arbeit an dieser Veröffentlichung ein Bemühen, meinen theoretischen Standort innerhalb der Sozialgeographie genauer abzustecken und mich freizuschwimmen auf meine Scholle einer "konstruktiven Postmoderne".

Die gedanklichen Resultate davon lege ich in diesem Band vor. In einer gesonderten Veröffentlichung dieser Reihe werden R. Danielzyk und ich über unseren Forschungsansatz über Ostfriesland berichten. Die Ergebnisse unseres DFG-Projekts über "Das Image der Stadt Oldenburg" werden im nächsten Jahr gemeinsam von A. Pieper, B. Schäfer und mir vorgelegt werden.

Zuletzt habe ich sehr viel und gern Dank abzuladen: besonders an meinen ständigen Diskussionspartner Rainer Danielzyk, aber ebenso herzlich an alle, die in Gesprächen über unsere Forschungen beteiligt sind - Kurt Bernhardt, Annette Pieper, Benjamin Schäfer und Gerald Wood - oder bei der Erstellung der beiden Manuskripte und Drucklegung geholfen haben - Elisabeth Decker, Katharina Ganter, Gisbert Kleinhalz, Anja Lausch, Günter Nordheim, Karin Quaas, Martina Salzwedel, Waltraut Scholz, Hans-Joachim Wätjen und Zlatica Tupkovicz.

Oktober 1988   Rainer Krüger

I.

Postmoderne Sozialgeographie - endogene
Regionalentwicklung:
Überlegungen zu einem ungelösten Praxisfall (Ostfriesland)

Die gesellschaftliche Entwicklung der letzten zehn Jahre hat uns in eine Situation befördert, in der sich die fast selbstläufigen Wert- und Lebensmuster bürgerlich-kapitalistischer wie marxistisch-fortschrittsgläubiger Ideologien im Wandel befinden. Zunehmend verwirren sich Sinnorientierungen in einem Flickenteppich widersprüchlicher und ungleichzeitiger Zustände und Bewertungen gesellschaftlicher Wirklichkeit. Die Vertrauensbasis für die Verortung von Lebenssinn ist in zweifacher Weise aufgelockert: durch ungleichgewichtige ökonomische Entwicklungszustände und Lebensstile.

1. Die sozioökonomische "Großwetterlage"

Ökonomisch gesehen ist die Wucht des Kapitalverwertungsprozesses ungehemmter denn je. Er nutzt sein Instrumentarium unter einem effektiveren Organisationsprinzip: der Flexibilität. Sie reguliert immer stärker den Kapitaleinsatz, die Wirksamkeit technologischer Innovationen, die Arbeitsorganisation und -entlohnung, den staatlichen Rückzug aus Sozialverpflichtungen sowie die räumliche Standortwahl. Sie schafft in der Summierung aller Anwendungsmöglichkeiten eine neue Dimension der Profitsicherung.

Sozialräumlich greifbare Folgen dieser Entwicklung entpuppen sich als wachsendes Gefälle zwischen prosperierenden und schrumpfenden (Groß-)Städten und Regionen, gleichzeitig als eine sich verfestigende Schieflage zwischen materiell gesicherter Bevölkerung und Angehörigen der Neuen Armut, eine Differenzierung, die nicht mehr ausschließlich dem alten Klassenwiderspruch von Kapital und Arbeit folgt. Mit diesem bleibenden Makel sozialer Ungerechtigkeit scheint die kapitalistische Gesellschaft (noch) leicht fertigzuwerden.

Doch sägt der Kapitalverwertungsprozeß auch an seinem eigenen Ast. In den ökologischen Folgewirkungen schmälert die gegenwärtige Produktions- und Reproduktionsstruktur die Ressourcenbasis, die die Nutznießer des Systems lebenswichtig brauchen. Offen ist, ob ökologische Modernisierungen diesen Erosionsvorgang in Natur und gewordener Umwelt aufhalten können. Auch verläuft die arbeitsteilige Kapitalverwertung zwischen den Industriestaaten und der übrigen Welt dramatisch zulasten letzterer (materielle Überlebensnot und Verschuldung) und bringt so das Weltwirtschaftssystem ins Schlingern.

Um diesen "harten Kern" ökonomischer Dominanz legt sich eine weiche Schale, deren Gehalt im folgenden Kapitel angesprochen werden soll.

2. Unverbindliche Sinngehalte in der Postmoderne: die Unterordnung der Wahrheit unter den Reiz

In einem ersten Anlauf zur Deutung postmoderner Gesellschaftsverfassung würde man bei J. HABERMAS (1981) Hoffnung schöpfen, daß trotz der sich auswachsenden Überformungen der konkreten Lebensvollzüge durch ökonomisch bedingte Systemimperative noch eine Vollendung der Moderne als Ort gerechterer Lebensqualität für alle möglich sei. Dieses optimistische Zukunftsmodell wird kontrastiert durch skeptische Einschätzungen des Modernisierungsgedankens: ihm gehe zunehmend die Luft aus, er schwinge sogar ins Dekadente ab (R. BAUMGART 1987, S. 67):

"Meisterdenkspieler wie Derrida, Lyotard, Baudrillard übermalen mit kalligraphischer Pedanterie die simple Ahnung, daß es Post-Lagen gibt, seit ein historisches Bewußtsein existiert, seit jener ersten Postantike, die wir als Alexandrinismus kennen, daß seitdem immer wieder die 'großen Erzählungen' zerfallen sind und eine 'Polyvalenz der Zeichen' loszuspielen begann, daß solche Post-Zeiten also immer charakterisiert waren durch ein kulturelles Mischklima aus Erschöpfung und kompensatorischem Übermut, genau wie jetzt wieder."

Noch tiefer mündet die pessimistische Sichtweise bei A. GEHLEN (1963) in eine Sackgasse auslaufender Entwicklungsenergie der Gesellschaft:

"Die Entwicklung ist abgewickelt, und was nun kommt, ist bereits vorhanden: der Synkretismus des Durcheinanders aller Stile und Möglichkeiten, das Posthistoire."

Nun lassen wir deshalb aber keine Weltuntergangsstimmung aufkommen. Das Leben geht weiter. Wie, das läßt sich demonstrieren an den einfallsreichen Entlastungen und Fluchtbewegungen aus den Widersprüchen der Realität (H. GLASER 1987, S. ZB 3): die Realität zeigt sich

"in ihrer eleganten Konfusion und ratlosen Freiheit durch und durch sinnlich; sie duftet nach dem betörenden Parfüm des prinzipienlosen Savoir-vivre. Durch 'Behübschung' werden die mißlichen Probleme wegdeodoriert. Die postmodernen Duftmarken sind dabei sehr weit - eklektisch, tolerant - gesetzt. Und weil 'anything' seine Berechtigung hat, wird schließlich auch das Ärmste wieder akzeptiert, goutiert. Das New Age liebt den Betroffenheitskult; er muß sich nur in der Boutique, in der alle Kulturgüter gefällig zur Schau stehen, lokalisieren lassen."

Es ist interessant, daß sich in dieser "Unterordnung der Wahrheit unter den Reiz" (H. GLASER), in der Plaisir und ästhetisierende Verpackung die Abkehr von bedeutungsvollen Inhalten vollziehen, auch postmoderne Kunst und Architektur zu einem wichtigen Faktor kapitalistischer Vermarktung herausputzen:

"Es ist sehr bezeichnend, daß landauf, landab, soufliert von geschickten Galleristen, die öffentliche Finanzierung vor allem der bildenden Kunst mit dem Argument gefordert wird, daß (postmoderne) Kunstsammlungen in (post-)modernen Museen einen wichtigen Standortvorteil bei der Ansiedlung wirtschaftlicher Unternehmen verhießen. Natürlich kann dies durch eine Kosten- und Ertragsberechnung nicht bewiesen werden; tiefenpsychologisch ist die Argumentation jedoch sehr plausibel: High-Tech umgibt sich mit Soft Art, eine Ökonomie, die in Richtung Zweidrittelgesellschaft (mit einem Drittel Arbeitslosen) zunehmend auf Sozialdarwinismus rekurriert, baut sich mit Hilfe postmoderner Kunst eine abschirmende Fassade, die Transparenz durch Blendwerk ersetzt. Die postmoderne Architektur ist in ihrer Mehrdeutigkeit die eindeutigste Verdinglichung des neuen Leerlauf-Spiels. Allerdings genießt man geradezu - ernüchtert von der Einfallslosigkeit des heruntergewirtschafteten Funktionalismus - die grassierende Schnuckeligkeit" (H. GLASER).

(In einer eigenen ausführlichen Darstellung ist versucht worden, diesen Inszenierungsdrang auf Probleme der Stadtentwicklung und speziell auf die Entstehung sogenannter Stadt-Images zu beziehen; vgl. den 2. Aufsatz dieser Veröffentlichung.)

Für D. HARVEY (1987, S. 29) ist somit ausgemacht: "post-modernity is nothing more than the cultural clothing of flexible accumulation." Es besteht also Anlaß, noch einmal auf Aspekte der jüngsten - postfordistisch genannten - Entwicklungsphase des Kapitalismus zurückzukehren.

3. Zum harten Kern der Postmoderne: Flexible Akkumulation und High-Tech

Kennzeichen dieser jüngsten Phase der Gesellschaftsentwicklung in den industrialisierten Staaten sind zum einen die Ausdifferenzierung von Produktionsstätten zu kleineren spezialisierten Einheiten, so daß neben Massenproduktion individuellere Spezialprodukte treten, neben Standardbedarf und Massenkonsum verfeinerter Geschmack und höherwertiger Konsum verbreitet sind. Gleichzeitig stehen die Veränderungen der kapitalistischen Produktion unter verschärften Wettbewerbsbedingungen einer steigenden weltmarktvernetzten Abhängigkeit und führen somit zu höherem Konkurrenzverhalten von Produzenten, Märkten und städtischen wie regionalen Standorten der Produktion und Reproduktion.

Hinzu kommt zweitens, daß angesichts notwendiger Optimierung von Wettbewerbsvorteilen staatliche Regulierungen teilweise hinderlich erscheinen. Vielmehr ist eine Liberalisierung ebenso nützlich wie der Abbau sozialstaatlicher Für- und Vorsorge.

Schließlich drängt sich der Einsatz "Symbolischen Kapitals" in den Vordergrund. Dieser von P. BOURDIEU (1976), S. 181, 191-197) vorgeschlagene Begriff bezeichnet einen Vorgang, bei dem es darum geht, den faden Beigeschmack der ökonomischen Liberalisierungswende zu verschönen: Symbolisches Kapital ist letztlich Ausdruck der Verschleierung von Geldakkumulation über kulturelles Ornament, selbst, wenn in der Symbolik gestalteter Umwelt und künstlerischen Produktion kreative Eigenleistungen von Menschen verwirklicht sein können. Unbestritten ist anspruchsvolle kulturelle Infrastruktur zum Standortmagnet für die Ansiedlung neuer Produktionsstätten geworden, aber auch zum Instrument sozialer Distinktion gegen geistigen und materiellen Durchschnittsbedarf der 60er Jahre.

Zum harten Kern postmoderner Gesellschaftsentwicklung gehört vor allem der technologische Wandel, denn ökonomisches Funktionieren und kulturelle Folgen der flexiblen Akkumulation hätten sich ohne die symbiotische Wirksamkeit der jüngsten Technologieinnovationen, v. a. der sogenannten High-Tech und Telekommunikation nicht entwickeln können. Nach M. CASTELLS (1986, S. 37) äußert sich der technologische Wandel wie folgt:

"a) Der Gegenstand sowohl der technologischen Entdeckungen wie ihrer Anwendung ist Information. Mikroelektronik verarbeitet und erzeugt *Information*. Telekommunikation übermittelt Information mit einer wachsenden Komplexität interaktiver Loops (Schleifen) und Feedbacks mit zunehmend größerer Geschwindigkeit und zu immer geringeren Kosten. Die neuen Medien streuen Informationen in einer Weise, die potentiell mehr und mehr dezentral und individuell wirkt. Die Automation wiederum baut programmgesteuerte Einheiten in größere Handlungsabläufe ein. Die Gentechnologie schließlich entschlüsselt das Informationssystem der lebenden Materie und versucht es zu programmieren. b) Der zweite Grundzug läßt sich durch die Tatsache kennzeichnen, daß all dies im Ergebnis eher *prozeßorientiert* als *produktorientiert* ist. Eine 'Hochtechnologie' ist nicht eine besondere Technik, sondern eine Form der Produktion und Organisation, die sämtliche Handlungsebenen durch Umformung der jeweiligen Abläufe beeinflussen kann, um durch erweiterte Kenntnisse des Prozesses selbst größere Produktivität oder einen besseren störungsfreien Ablauf zu erzielen."

Versuchen wir nun nachzuvollziehen, wie sich "harter Kern" und "weiche Schale" als materielles und ideelles Substrat der Postmoderne auf die Stadt- und Regionalentwicklung auswirken.

4. Räumliche Folgen in der Postmoderne: der "neue Raum der Produktion" und die "elektronische Gestaltung" der Reproduktion in Stadt und Land

Eine erste Konsequenz der nachfordistischen Veränderungen der Produktionsbedingungen durch den Einsatz innovativer Technologien schlägt sich nach M. CASTELLS (1986, S. 39) in einem Wandel der Raumorganisation nieder, bei dem wir "mehr und mehr ... beobachten, wie ein Raum aus 'Flüssen', einen Raum aus Standorten ersetzt." Die neuen Kommunikations- und Produktionstechnologien schaffen also eine "innere Logik der Organisation" mit der "Tendenz ..., die externe Logik von Faktoren außer Kraft zu setzen, die mit spezifischen Standorten verbunden ist."

Spektakuläre Standortentwicklungen wie das "Silicon Vally" oder die "Route 128" im Raum Boston, die "M 4" oder die "Londoner Dockyards" in Großbritannien sowie das Süd-Nord-Gefälle in der Bundesrepublik Deutschland mit neuen wachsenden Industrien und Dienstleistungen im

Stuttgarter, Münchner oder Frankfurter Raum gelten als Belege für die Entflechtbarkeit ehemals notwendigerweise räumlich zusammenhängender Standortelemente (z. B. in altindustriellen Ballungsgebieten wie dem Ruhrgebiet). Bei letzteren bedeutet die Außerkraftsetzung typischer (montan-)industrieller Standortkonstellationen meistens den ökonomischen Niedergang der ganzen Region, der sich möglicherweise teilweise durch ein Umschalten auf neue Produktionskonzepte in flexibleren Standortmustern auffangen ließe.

Immer sind es variationsreiche räumliche Organisationsmuster, die über gute Kommunikationsnetze die getrennte regionale, nationale oder weltweite Lokalisierung von Produktionsabläufen, von Forschung und Planung, von Vertrieb und Management an jeweils günstigstem Standortumfeld ermöglichen.

Parallel zu dieser "variablen Geometrie der Produktionsorganisation" entwickelt sich eine Dezentralisierung von Dienstleistungen für vielfältige Routinetätigkeiten (wobei z. B. zukünftig auch an die Verlagerung von Büroarbeit in die Wohnung gedacht wird) bei gleichzeitiger Konzentration von Leitungsfunktionen und hochqualitativen, kreativen Arbeitsanteilen - häufig im Team-work - an zentralisierten Standorten, d. h. in Großstädten oder anderen Orten mit entsprechend anspruchsvollem kulturellem Ambiente.

Analog zur Separation von Arbeitsprozessen differenziert sich ebenfalls das Freizeitverhalten, nämlich entweder in städtische "Spezialräume" (v.a. für hochkulturelle Angebote) oder aber im Rückzug auf eine Individualisierung der Unterhaltung in der häuslichen Privatsphäre über die Telekommunikation. Über die elektronische Delokalisierung von Arbeit und Freizeit stellen sich Ansätze einer Desintegration von Lebensraum und Kultur in der Stadt ein.

5. Gesellschaftliche Zukunft in der Postmoderne: "Spiel-Räume", "Räume der Resignation" oder "Räume der Hoffnung"?

Die beschriebenen Strukturfolgen ökonomischen und technologischen Wandels auf die räumliche Inwertsetzung geben Anlaß zu höchst unterschiedlichen Einschätzungen zukünftiger Stadt- und Regionalentwicklung.

Treibt man die gesellschaftskritische Strukturanalyse des letzten Kapitels weiter, so mündet sie in das Ergebnis, eine Raumstruktur und Lebensräumlichkeit zu beschreiben, die klassenspezifische Privilegierung ausdrückt.

a) "Räume der Resignation" neben "Spiel-Räumen" für Privilegierte

Es bildet sich ein neuer ökonomischer und sozialer Dualismus zwischen prosperierenden und schrumpfenden Großstädten heraus (K. BRAKE, 1988 a+b; H. HÄUSSERMANN, W. SIEBEL, 1987, S. 44ff.), eine sozioökonomische Differenzierung, die sich intraregional, v.a. aber innerhalb der Großstädte als "Schizophrenie", als "widersprüchliche Koexistenz verschiedener sozialer, kultureller und ökonomischer 'Logiken'" abspielt (M. CASTELLS 1986, S. 49).

Dabei kann sich eine gesamtstädtische Zonalgliederung einstellen, bei der der Raum, "der nur für wenige Bedeutung hat" - als Standort der Schlüsselfunktionen hochwertiger Produktion, Dienstleistung und Kulturinszenierung - zugleich Raum der "Ausschließung der vielen dazwischen", d. h. der vom Wichtigen abgeschalteten Menschen ist.

Es kann aber auch eine andere Entwicklungsvariante innerhalb der Großstädte sein: Diese beschreiben D. HARVEY (1987, S. 26f.) und J. OSSENBRÜGGE (1987, S. 11): Dort, wo die "Young Urban Professionals" in Wohnquartiere der Alternativszenen eindringen und deren alltagskulturelle Pionierleistungen (z. B. sanierte Altbauwohnungen und neue Lokale) für ihre gehobenen Bedürfnisse umfunktionieren, entstehen in ein und derselben Raumstruktur Mischnutzungen zwischen unterschiedlichen sozialen Gruppierungen mit wenigen Berührungspunkten zueinander.

In jedem Fall aber erweisen sich die städtischen Lebensräume als unregulierte Räume. In ihnen findet ein Ausleseprozeß zu Lasten der sozial Schwächeren statt, in ihnen nehmen neben gesicherten Existenzbedingungen informelle Arbeitsverhältnisse der Schattenwirtschaft ohne soziale Absicherung sowie Arbeitslosigkeit und Verarmung zu. Dabei müssen häufig tradierte oder alternative Netze sozialer Selbstbehauptung, Solidarität oder des Widerstandes vor der Wucht aggressiver Kapitalverwertung kapitulieren.

Schließlich sind diese Entwicklungen nur die Folge steigender "Internationalisierung lokaler Aktionsräume" (J. OSSENBRÜGGE 1987, S. 18f.). Auf städtischer wie regionaler Ebene verengen sich die Handlungsspielräume für wirtschaftliche Entscheidungen und lokale Politikgestaltung. Gerade der Konkurrenzkampf für das ökonomische Überleben einzelner

Städte und Regionen über das "Einfangen zirkulierenden Kapitals" und das soziale "Abfedern arbeitsplatzeinsparender Umstrukturierung einzelner Wirtschaftszweige" belegen die starke Abhängigkeit vom weltweit agierenden flexiblen Kapital. Dabei besteht die Gefahr, daß endogenen Gegenstrategien oder sozialen Bewegungen der Nährboden entzogen wird, weil an die Stelle der Erfahrbarkeit ortsgebundener Aktivitäten, Kulturen und Politik abstrakte Entscheidungsstrukturen in nicht mehr konkret wahrnehmbaren Kommunikationsabläufen treten.

b) Zufriedenheit in und mit "Spiel-Räumen"

Gegenüber dieser resignativen Einschätzung zur Gestaltbarkeit von Lebensräumen werden aber auch positive Ansatzpunkte einer postmodernen Gesellschaftsentwicklung diskutiert, die sich als "Spiel-Räume" eines entweder stark gegenwartsorientierten Lebensstils oder aber als Perspektive einer humaneren Zukunftsgestaltung interpretieren lassen.

In ersterer Variante gerinnt der postmoderne Zeitgeist zum hedonistischen Lebensgefühl und überhöht so als äußerliche Verkleidung den durch die Arbeitsverhältnisse geprägten Alltag, der gleichsam in einem "operativen Ereignisraum" (R. BAUMGART 1987, S. 68) gelebt wird. Neureiche Stadtviertel, aber auch Klein- und Mittelstädte werden "der Sprache einer kulissenhaften Architektur" ausgesetzt, "die den architektonisch nicht mehr gestaltbaren Systemzusammenhängen immerhin in Chiffren Ausdruck zu verleihen sucht" (J. HABERMAS 1985 a, S. 27). Ein schönes Beispiel der Chiffrenkultur ungelöster Widersprüche, die aber gefühlsglättend und frei von Nostalgie als städtische Lebensgrundlage akzeptabel erscheint, ist VENTURIs (1972) Beschreibung von Las Vegas.

c) Hoffen auf "Räume der Hoffnung"

Wie könnte aber die prospektive Strategie von Raumentwicklung aussehen, die sich der spätkapitalistischen Herausforderung in der Postmoderne stellt?

Verlassen wir den nicht mehr realitätsgerechten Rahmen von Tradition versus Moderne, dann hat "Post-Modernismus eine zweifache Bedeutung: die Weiterführung des Modernismus und zugleich dessen Transzendenz" (H. GLASER 1987, S. Z.B 3). Chr. JENCKS (1980) bezeichnet den Postmodernismus - bezogen auf die Architekturentwicklung als "'doppelt kodiert': in einer Hälfte modern, in der anderen etwas anderes (das in der Regel der traditionellen Bauweise entspricht), gekoppelt mit dem Versuch, eine Kommunikation sowohl mit einer breiten Öffentlichkeit als auch einer engagierten Minderheit, meist den Architekten, herzustellen. ... der entscheidende Punkt dieser Doppelkodierung war selbst ein doppelter. Die moderne Architektur hatte aufgehört, glaubwürdig zu sein, weil sie weder in der Lage war, eine echte Verständigung mit dem Letztbenutzer zustandezubringen ... noch ihr eine wirkliche Verbindung mit der bestehenden Stadt und ihrer Geschichte gelungen war."

In dieser Situation habe sich eine Lösung angeboten: eine postmoderne Architektur nämlich, die professionell fundiert und populär zugleich ist, die neue Techniken und alte Muster integriert.

Überträgt man diese Vorstellung auf die räumliche Bezugsebene, so kann man beispielsweise über K. FRAMPTONs (1985) Buch über "Critical Regionalism: speculations on an architecture of resistance" einen Einstieg in die gemeinte Umsetzung finden:

"Die grundlegende Strategie des kritischen Regionalismus ist es, die Wirkung universaler Zivilisation mit Elementen zu vermitteln, die indirekt auf die Eigentümlichkeit eines besonderen Ortes zurückzuführen sind ... er kann sich inspirieren lassen von der Art und Qualität des örtlichen Lichtes, von einer strukturell spezifischen Tektonik oder von der Topographie eines gegebenen Bauplatzes."

Während FRAMPTON noch eingeengt örtliche Spezifika der landschaftlichen und baulichen Umwelt meint, greift die Formel der "endogenen Entwicklungspotentiale" weiter. Sie bezieht die Gesamtheit von alltagskulturellen sozialen Verhaltensformen und Einrichtungen sowie die die Arbeits- und Berufsdifferenzierung betreffenden lokalen bzw. regionalen Merkmale eines Raumes ein. Gleichsam ginge es darum, das griffige Bild von J. HABERMAS (1988, S. 1ff.) - "die Einheit der Vernunft in der Vielheit ihrer Stimmen" - auf ein zukunftsfähiges Gestaltungsmodell bislang benachteiligter Lebensräume zu übertragen. Wie soll eine solche endogene Strategie funktionieren, die einerseits eine sich weiterentwikkelnde Symbiose zwischen Tradition und Moderne anstrebt und sich andererseits unter dem Dach eines sich ständig neu bestätigenden Kapitalismus mit raumzentrierender und gleichzeitig fragmentierender Dynamik entfalten soll?

Die Antwort soll auf zwei Ebenen versucht werden. Zunächst sollen raumwirksame Anzeichen endogener Entwicklung konzeptionell reflektiert werden. Sodann wird in Relativierung einer zu optimistischen Sicht der Postmoderne über einen philosophischen Exkurs zu unterschiedlichen Positionen der Einschätzung der weiteren Gesellschaftsentwicklung Stellung bezogen.

6. Ambivalenzen der Raumorganisation zugunsten endogener Entwicklungen

Einen Zugang zu Chancen endogener Regionalentwicklung - im dialektischen Prozeß der flexiblen Akkumulation - sieht D. HARVEY (1987, S. 30) darin, daß die mit der Flexibilisierung der Produktion verbundene räumliche Streuung von Standorten eine "größere Gleichheit der Gelegenheit" nach sich zieht, um "neue Aktivitäten in den entferntesten Winkel zu bringen". Diese Verschiebung politökonomischer Macht von den Zentralen in kleinere Städte und Orte bedeutet zwar einerseits eine Verschärfung kapitalistischer Wettbewerbsbedingungen, gäbe aber auch die Chance zu neuen kooperativen Formen der Arbeitsorganisation mit Arbeitnehmerkontrolle. In gestreuten räumlichen Organisationsmustern eine Demokratisierungschance des Arbeitslebens zu sehen, sogar einen neuen Weg eines "dezentralisierten weichen Sozialismus", wie er beispielsweise in der politischen Programmatik der Grünen vertreten ist, ist für HARVEY eine zwar schwer zu realisierende, aber mögliche Strategie.

D. IPSEN (1986, S. 128f.) bezieht einen ähnlichen Ausgangspunkt über den Gedanken einer flexibleren Produktionsdifferenzierung nach kleineren Standorteinheiten. Er nimmt als Differenzierungsfolge eine höhere Konfliktbereitschaft aufgrund der divergenten Raumansprüche solcher Mischnutzungen an. Dieser mißt er eine positive Wirkung auf zukünftige Stadt- und Regionalentwicklung zu:

> "Konfligierende Nutzungen im Raum haben ein höheres Selbststeuerungspotential, da die Folgen noch unmittelbar erfahrbar sind. Um dieses Potential wirksam werden zu lassen, bedarf es allerdings der Kleinsteuerung vor Ort und der gleichzeitigen Abstimmung mit übergeordneten Netzen. In einem derartigen Modell sind Regionalität und Mondialität keine Gegensätze, sondern eine sich gegenseitig bedingende Einheit."

In mehrfacher Weise verkehren sich hier Negativskizzierungen marxistisch-politökonomischer Raumanalyse in ihr positives Gegenteil: Aus

D. HARVEYs (1987, S. 20) "unregulierten Räumen" der Großstädte, da von staatlichem Management aufgegeben, wird ein sich mehr und mehr selbstregulierender interessensausgleichender Raum des Arbeitens und Lebens. Aus M. CASTELLSs (1986, S. 57) vom Alltagssinn entleerten kapitalvermarkteten Raumabstraktionen werden nach D. IPSEN (S. 129) spezifische Örtlichkeiten mit ihren Netzen sozialer Kommunikation. Oder aus den adressatenlosen internationalisierten Aktionsräumen ohne lokale Handlungsperspektive (J. OSSENBRÜGGE 1987, S. 18f.) entwickelt sich eine attraktive Integration der globalen und regionalen Ebene: "Der besondere (Verf. soziale) und der abstrakte (Verf. die globalen ökonomischen Strukturen repräsentierende) Ort existieren dann miteinander als Ferment räumlicher Entwicklung" (IPSEN, S. 130).

Auch H. HÄUßERMANN und W. SIEBEL (1987, S. 242, 249) sehen - trotz des Verlustes tradierter Urbanität, der Auflösung einer radikalen Gegenkultur, der Polarität von Wachstum und Schrumpfen innerhalb der Stadt und im Vergleich der Großstädte untereinander - zumindest die Perspektive einer "neuen Urbanität":

"Die neue städtische Lebensform, in der formelle Berufs- und informelle Eigenarbeit, individuelle Freiheit und ökologische Notwendigkeit miteinander versöhnt sind, ist nichts als eine weite Perspektive. Sie deutet nur an, in welche Richtung die Widersprüche aufgehoben werden müssen. Die Stadt ist sowohl Heimat wie Maschine, Einfamilienhaus wie Hotel. Die Wahl zwischen Aneignung und Entlastung, Selbstverwaltung und Administration, Aktivität und Passivität muß für jeden offen gehalten werden, ebenso wie die Wahl zwischen Nähe und Anonymität."

7. Eine philosophisch-postmoderne Gratwanderung zur Legitimation von Hoffnung auf endogene Regionalentwicklung

Der skizzierte Impetus, den einige Raumwissenschaftler der Idee endogener Entwicklungsstrategien im Schoße eines weiter bestehenden kapitalistischen Verwertungsprozesses zutrauen, gerät sehr optimistisch. Zwar ist es berechtigt, trotz der ins Auge springenden sozialräumlichen Disparitäten am Beispiel zunächst marginaler Gegenerfolge an eine zukünftig gerechtere Herstellung gleichwertiger Lebensbedingungen zu glauben. Doch ein solcher Hoffnungsschimmer fällt dann realistischer aus, wenn über eine grundsätzlichere philosophisch-gesellschaftstheoretische Betrachtung die Prämissen geklärt sind, unter denen sich endogene Entwicklung vorstellen läßt.

a) Begründung endogener Vielfalt und ihrer regionalen Wirksamkeit über das postmoderne Konzept der "Mehrsprachlichkeit"

Der Ansatz einer "endogenen Regionalentwicklung" läßt sich leichter auf allgemein gesellschaftstheoretische Überlegungen beziehen, weil zwei beachtenswerte Argumentationen den Diskussionsstand um die Postmoderne aufarbeiten und darüber zu konstruktiven Zukunftsentwürfen gelangen. Sowohl A. WELLMER (1985) in seiner "Zur Dialektik von Moderne und Postmoderne" als auch v. a. W. WELSCH (1987a) in seinem Buch "Unsere postmoderne Moderne" skizzieren unter der Propagierung eines "Pluralismus von Werten und Lebensformen" bzw. der "Postmoderne als Verfassung radikaler Pluralität" letztlich die Perspektive einer neuen Gesellschaftskonzeption. Dabei soll über eine philosophische Kritik am totalisierenden Einheitsdenken der Aufklärungs-Moderne ein neues Gerechtigkeitsbewußtsein geschärft und eine neue Sensibilität gegenüber ungerechtfertigten Wertmaßstäben vereinheitlichender Denkweisen geweckt werden. (Unter das totalisierende Einheitsdenken fielen sowohl der marxistische Gesellschaftsentwurf als auch die radikal-bürgerliche Emanzipationsidee als vergebliche Befreiungsversuche aus dem Kapitalismus.) Hilfreich für den neuen Modus der Erkenntnis und zugleich Lebenspraxis ist WELSCHs Vorstellung (S. 316f.) einer "transversalen Vernunft":

"Transversale Vernunft ... stellt das Grundvermögen einer postmodernen Lebensform dar. Denn die postmoderne Wirklichkeit verlangt allenthalben, zwischen verschiedenen Sinnsystemen und Realitätskonstellationen übergehen zu können. ... Indem diese (Verf. transversale Vernunft) ein Vermögen gerade materialer Übergänge ist, trägt und leistet sie, was für die postmoderne Lebensform erforderlich ist: den Übergang von einem Regelsystem zum anderen, die gleichzeitige Berücksichtigung unterschiedlicher Ansprüche, den Blick über die konzeptionellen Gatter hinaus ... Eine solche Vernunft ist Subjekten eigentümlich, die zwischen verschiedenen Rationalitätstypen abzuwägen gehalten sind und überzugehen vermögen. Solche Subjekte haben gewiß nicht die Entschlossenheit derer, die alles nach nur einem Maß beurteilen, weil sie nur dieses eine kennen und alles andere ignorieren ... Wir sind auf dem Weg, das Verschiedene nicht bloß hinzunehmen, zu 'tolerieren' -, sondern in seinem Eigenwert zu schätzen und deshalb zu fördern und zu verteidigen".

Gewendet auf die z. T. widersprüchlichen Versatzstücke unterschiedlicher materieller Lebensbedingungen, Lebensstile und Alltagskulturen, die - im kapitalismuskritischen Sinne - ungleiche Qualitäten der Privilegierung ausdrücken, ließe sich sagen: Könnte man diese pluralen Lebensmuster in Städten und Regionen nicht auch konstruktiv auf ihre Umformbarkeit zu Impulsen einer gerechteren Gesellschaftsentwicklung hin befragen und nutzen? Dies wäre eine Perspektive, die anzusprechen nur zu legitimieren ist, wenn es damit gelänge, die essentiellen Benachteiligungen innerhalb der Gesellschaft abzubauen.

Der Gedanke der Transformierbarkeit der postmodernen Erkenntnismaxime von der vorhandenen und konstruktiv wendbaren Mehrsprachlichkeit auf ein Konzept der Regionalentwicklung erscheint auf den ersten Blick bestechend und geeignet als gesellschaftstheoretischer Legitimationshintergrund für endogene Entwicklungskonzepte. Ohne diese postmoderne Perspektive sogleich verwerfen zu wollen, sei jedoch auf zwei Argumentationsfelder verwiesen, die gleichsam die prospektive Variante der Postmoderne von zwei Seiten in die Zange nehmen, von der sprachphilosophischen wie von der gesellschaftskritisch-marxistischen Warte aus. Da beide Stoßrichtungen der Kritik auf metatheoretischer Ebene die Beurteilung der Erfolgsaussichten eines postmodern-konstruktiven Gesellschaftsentwurfs und seiner Konkretisierbarkeit in räumlichen Entwicklungen vorwegnehmen, werden sie in den beiden folgenden Abschnitten angesprochen.

b) Kann es "vernünftige" Vernunft geben? - Eine sprachphilosophische Frage

Die Frage, "was ist Vernumft und wie entsteht sie?", konkretisiert sich in der Frage, ob es Subjekte gibt, die durch beharrliches Nachdenken ihre und ihrer Mitmenschen Interessen erkennen und in einer gerechteren Gesellschaftsordnung verwirklichen könnten. Diese Überlegung war und ist der Kern der philosophischen Bemühungen der Kritischen Theorie und ihrer Weiterentwicklung durch J. HABERMAS (vgl. auch R. DANIELZYK, I. HELBRECHT 1988, Kap.II.2.,II.3).

Mit der sprachphilosophischen Antwort auf diese Frage wird die Grundannahme von ADORNO und HORKHEIMER, die das Subjekt als letzten Bezugspunkt der Kritik und Ort der Selbstverwirklichung unter Überwindung gesellschaftlicher Zwänge sehen, in Zweifel gezogen und zunächst einer pessimistischen Sichtweise bezüglich der Veränderbarkeit der Gesellschaft Raum gegeben. Denn die vermeintliche Vernünftigkeit des Vernunftgebrauchs hat sich - durchaus im Argumentationsmuster der Kritischen Theorie - stärker zur instrumentellen Vernunft als entfremdendem Rationalisierungsprozeß der Moderne entwickelt und weniger die Befreiung der Menschen aus Herrschaftsbedingungen bewirkt:

> "... die Vernunft, die in diesen Rationalisierungsprozessen geschichtlich am Werke ist, ist ... eine planende, kontrollierende, objektivierende, systematisierende und vereinheitlichende, kurz eine 'totalisierende Vernunft'. Ihre Symbole sind die mathematische Deduktion, die geometrischen Grundgestalten, das geschlossene System, die allgemeine, deduktiv-nomologische Theorie, die Maschine und das Experiment. Im Kontext des Modernisierungsprozesses wird die politische Praxis zur Technik der Machterhaltung, der Manipulation und der Organisation, die Demokratie zur einer effizienten Form der Organisation von Herrschaft" (A. WELLMER, 1985, S. 101).

In Form einer sprachphilosophischen Rationalismus- und Modernisierungs-Kritik wird nun Front gemacht gegen den zitierten totalisierenden Vernunftanspruch, der glaubt, sich aus einer sinnkonstituierenden Rolle des Subjekts speisen zu können. Die Kritik setzt ein mit WITTGENSTEIN, der eine solche Existenz des Subjekts als Erzeuger sprachlicher Bedeutungen verneint. Er geht davon aus, daß sprachliche Zeichensysteme gegenüber dem Sprechen und den Handlungsabsichten der Subjekte bereits vorab vorhanden sind. Solche sprachlichen Codes sind "Sprachspiele, in denen jeweils Bedeutungsrelationen verkörpert sind". WELLMER (1985, S. 79) erläutert:

> "Sprachspiele sind keine Spiele, sondern Lebensformen. Ensembles von sprachlichen und nicht-sprachlichen Tätigkeiten, Institutionen, Praktiken und den in ihnen 'verkörperten' Bedeutungen. Es gilt zu verstehen, daß Bedeutungen wesenhaft *offen* sind, und daß, wenn man von *der* Bedeutung eines sprachlichen Ausdrucks spricht, diese 'Identität' der Bedeutung mit einem Index der Andersheit sowohl im Verhältnis zwischen Sprache und Wirklichkeit als auch zwischen Sprecher und Sprecher versehen werden muß. Hiermit lösen sich die Bedeutungen als Gegenstände eigener Art auf: als etwas ideal, oder psychologisch, oder in der Wirklichkeit Gegebenes."

Wichtig ist also die Erkenntnis, daß die Grammatik der Sprache eine vielfältige Verwendungsweise von Worten zeigt, ohne daß man dabei immer auf eine "grundlegende", "eigentliche" oder "primäre" Bedeutung von Worten stoßen würde. Die Entschlüsselung des Lebens, des sprachlichen

Sinns setzt deshalb eine ständige kommunikative Praxis der Gesellschaftsmitglieder voraus. Soweit zur Argumentation der Sprachphilosophie.

Eine Erkenntniserweiterung über Phänomene gesellschaftlichen Lebens könnte also nur gelingen, wenn wir uns des in der Sprachphilosophie kritisierten "Gewalttätigen des identifizierenden Denkens", d. h. der *"spezifischen* Blockierung, Pathologien oder Perversionen der sprachlichen Kommunikation oder der gesellschaftlichen Praxis bewußt werden". Gerade der objektivistische Erkenntnisanspruch der Wissenschaften trägt Züge dieser Vergewaltigung. Ihre fortgesetzte und sich ausweitende Instrumentalisierung im Interesse ökonomischer Effizienz und selektiver Privilegierung gesellschaftlicher Macht lassen es deshalb wenig wahrscheinlich erscheinen, daß aus der - im postmodernistischen Gedankengut akzentuierten - Vielfalt der Sprachspiele und Lebensformen ein neues Bewußtsein für gesellschaftliche Gerechtigkeit und individuelle Selbstverwirklichung erwachsen und sich durchsetzen könnte.

Doch WELLMERs Darlegungen selbst - aus der skeptisch sprachphilosophischen Wurzel seines Ansatzes herausführend - treten die hoffnungsvollere Wende an: Ihm geht es um die Herstellung diskursiver Vernunft in dem Maße, "in dem in der Argumentation unterschiedliche Sichtweisen, Einstellungen und Sprachgebräuche aufeinanderstoßen und in Frage gestellt werden". Erst dadurch gewönne die Argumentation "eine 'bedeutungskonstitutive' Dimension und das Leben des sprachlichen Sinns in ihr eine reflexive Gestalt".

Dieser Anspruch verweist auf das Gedankengebäude von J. HABERMAS (1981b), der in der "Theorie des kommunikativen Handelns" den Versuch entwickelt hat, zwar aus der bewußtseinsphilosophischen Pointierung der subjektbezogenen Vernunft herauszuführen, aber dennoch nicht bei einem resignativ-pessimistischen Weltbild zu enden, das die sprachphilosophische Argumentation nahelegt (vgl. weiter unten die Position LYOTARDs).

HABERMAS Entwurf einer gerechteren Gesellschaftsentwicklung steht unter dem Motto, die 'unvollendete Moderne' sei zu vollenden. Nach dieser - anti-postmodernistisch gemeinten - Denkschule ist die Entstehung der Moderne ein positiver Vorgang, soweit sie in Ablösung tradierter religiöser und metaphysischer Weltbilder eine rationale Differenzierung der Vernunftgehalte in unterschiedliche Wissenskomplexe (Wissenschaft,

Moral, Kunst) ergeben hat. Dadurch sind - als Entwicklungsmodus einer dialektisch zu verstehenden Rationalität - die Bereiche System und Lebenswelt entstanden. Unter der Lebenswelt ist der alltagskommunikative Zusammenhang angesprochen, in dem Mitglieder sozialer Gruppen unter der Aneignung tradierter und sich weiter entwickelnder "kultureller Gewißheiten" eingebunden sind und der sie in die Lage versetzt, immer vernünftigere Konsensstrategien eines bedürfnissichernden Zusammenlebens zu praktizieren.

In einem eigendynamischen Umschlagen dieser wünschenswerten Rationalisierung der Lebenswelt wird diese selbst von der Wucht ihrer Wirksamkeit in negativer Weise überholt. HABERMAS (1981b, II, S. 489ff.) nennt diesen Vorgang "Kolonialisierung der Lebenswelt". Er meint damit, daß die zukünftiger Gesellschaftsentwicklung eigentlich zuträgliche Ausdifferenzierung von Systembereichen (v.a. in der Wirtschaft und im Staat) infolge des kapitalistischen Wachstums umschlägt in eine schädliche Durchdringung und Aushöhlung der symbolischen Reproduktionsgehalte der Lebenswelt. Die Medien Macht und Geld bestimmen mehr und mehr auch die Handlungen im Bereich der Lebenswelt, die originär auf sprachlich konsensuelle Handlungsverständigung angelegt sind. HABERMAS (1981b, II, S. 232 f.) nennt das Umkippen des Vernunftgebrauchs eine

> "... unaufhaltsame Ironie des weltgeschichtlichen Aufklärungsprozesses: die Rationalisierung der Lebenswelt ermöglicht eine Steigerung der Systemkomplexität, die so hypertrophiert, daß die losgelassenen Systemimperative die Fassungskraft der Lebenswelt, die von ihnen instrumentalisiert wird, sprengen."

Doch HABERMAS läßt sich auch angesichts der inzwischen weitgehend fremdbestimmten Lebenswelten nicht von der Zuversicht abbringen, daß im Medium der Sprache das Vermögen zu einer kommunikativen Rationalität, d. h. zu gesellschaftlichen Bewußtseins- und Lern- und Verständigungsprozessen angelegt sei und daß dieses Vermögen einen Ausgleich zwischen den Systemimperativen und den in Lebenswelten eingebundenen Individualbedürfnissen bewerkstelligen könne.

Der Bewegungsmotor, der diese kommunikative Verständigung erzeugen soll, liegt nach HABERMAS (1981b, I, S. 387) im Erkenntniszusammenhang von Sprach- und Gesellschaftstheorie. Man hat also zugespitzt - ohne die detaillierte sprachphilosophische Begründung in unserem Zusammenhang genau nachzuvollziehen - zu verstehen,

"... daß Sprache nicht unabhängig von der in ihr erzielten Verständigung begriffen werden kann. Grob gesprochen ist Verständigung ... die Funktion der Sprache, sie wohnt als Telos der menschlichen Sprache inne."

Welcher Voraussetzungen aber bedürfte es, um sich in derart "ideale Sprechsituationen" wachsender gesellschaftlicher Konsensfähigkeit hineinbewegen zu können? Für HABERMAS wäre es notwendig, die Lebenswelt gegenüber der Systemaggressivität von Geld und Macht zu immunisieren, die beiden Medien quasi für den Systemgebrauch zu domestizieren. Darüber hinaus müßte die kommunikative Alltagspraxis wieder stärker in Institutionen eingebunden werden, ein Gedanke, den HABERMAS (1985b) in seinem "Philosophischen Diskurs der Moderne" weiter ausführt:

"Der Sozialismus wird nur überleben, wenn er das utopische Element ernst nimmt, das in den demokratischen Verfahrensweisen selbst steckt. Die Verfahrensutopie richtet sich auf die Strukturen und Voraussetzungen einer radikalpluralistischen, weil dezentralisierten, einer Komplexität erzeugenden und ganz sicher kostspieligen Willensbildung, deren Inhalte und Resultate niemand vorwegnehmen kann - und niemand sollte vorwegnehmen wollen."

Wir haben hier den Punkt erreicht, an dem der auf Konsensorientierung im vernünftigen Sprachmodus angelegte Gesellschaftsentwurf HABERMAS' sich deutlich abhebt vom sprachphilosophischen Argumentationsmuster LYOTARDs, das - ohne feinsinnigere Differenzierung - zunächst in eine Dissensperspektive hinsichtlich der Verständigungsmöglichkeiten innerhalb der Gesellschaft hineinführt. Die folgende Kurzdarstellung von LYOTARDs (1983: "Le Différend") sprachphilosophischer Position, die zum Verständnis seines pessimistischeren Weltbildes notwendig ist, soll sich auf die Darstellung von M. RÜB (1986, S. 89-91, S. 93f.) stützen:

Angelpunkt der LYOTARDschen Argumentation ist die Feststellung, daß es "keine Sprache im allgemeinen" gäbe, vielmehr nur eine "Vielzahl von Sprachordnungen und Diskursgattungen, die weder ineinander übertragbar noch durch ein gemeinsames Tertium zu beurteilen wären". Er kommt damit zu der Schlußfolgerung, daß wir uns mit einer "Inkommensurabilität und Heterogenität der einzelnen Sprachspiele" abzufinden haben. Wenn keine allgemein akzeptierbaren Sprechverknüpfungen möglich sind,

> "bleibt also letztlich ein unbegründbarer Zufall, wenn so und nicht anders angeknüpft wird; um die Anknüpfung gibt es einen Konflikt zwischen (mindestens) zwei Parteien, der in Ermangelung der auf beiden Seiten anwendbaren Urteilsregel nicht gerecht entschieden werden kann. Genau dies ist die Definition für den Terminus 'différend'".
>
> "Man sieht deutlich die Differenz zu HABERMAS: Während dieser ein für alle Redesituationen, ein allgemein gültiges Regelsystem für jeden Sprechakt gefunden haben will ... bestreitet LYOTARD gerade die Existenz universaler Regeln, spricht vielmehr von unübersetzbaren Sprachspielen mit je eigenen Regeln, vom différend zwischen ihnen und von der letztlich dem Zufall (occurance) überlassenen Entscheidung über die Verknüpfung zweier Sätze."

Um den wissenschaftstheoretischen Unterschied zu HABERMAS zu vervollständigen, muß man zur Kenntnis nehmen, daß LYOTARDs sprachphilosophischer Pessimismus hinsichtlich einer gesellschaftlichen Verständigungsorientierung noch überlagert wird von seiner generellen Ablehnung des im Vorstellungsgehalts der "Moderne" aufgehobenen Vernunftoptimismus. Diese Kritik, die LYOTARD u. a. in seiner Schrift "Das postmoderne Wissen" (deutsch: 1986) ausgeführt hat, hat ihn zu dem Protagonisten eines anti-modernen Postmodernismus werden lassen, eine Etikettierung, die vorsichtig zu hinterfragen wäre.

LYOTARD geht von der Tatsache aus, daß die großen Rahmenerzählungen, die das neuzeitliche Wissen zusammengehalten haben, zerfallen sind: die Beherrschung der Natur in der frühen Neuzeit, die Emanzipation der Menschheit in der Aufklärung, die Erzählung von der Entfaltung des Geistes in der Weltgeschichte (im Idealismus). (Endgültig und für immer sei v. a. der "Gedanke der Menschheit als Held der Freiheit" in der Tragödie von "Auschwitz ad absurdum geführt worden" (LYOTARD, zit. nach M. RÜB, 1986, S. 97): "Wenn ... das 'Wir' sich Menschheit nannte ... dann ist 'Auschwitz wohl der Name für die Austilgung dieses Namens' (s.c. der Menschheit)".)

Was nach der Moderne verbleibt, ist also die Postmoderne. Sie ist gekennzeichnet durch die - zuvor sprachphilosophisch begründete - Heterogenität der zueinander unverbundenen Sprachspiele. Allerdings - und hierin ist eine Parallele zu HABERMAS zu sehen - hebt sich eine Hegemonie "ökonomischen Sprachspiels" heraus:

> "Die große Erzählung vom Ziel der Menschheit verliert ihre legitimierende Kraft. In die Leerstelle rückt mehr und mehr der 'öko-

nomische Diskurs' mit seinem Einsatz der Performativität: Es werden die Sprachspiele dominant, 'deren Kriterium weder das Wahre, noch das Gerechte, noch das Schöne etc. ist, sondern die Effizienz': ... Der ökonomische Diskurs zwingt die anderen Sprachspiele unter seinen spezifischen Einsatz: die Effizienz/Performativität, den Zeitgewinn, die Aufwandreduktion. 'Das einzig unüberwindliche Hindernis, wogegen die Hegemonie der ökonomischen Gattung stößt, ist die Heterogenität der Satzordnungen und Diskursgattungen', die Tatsache, daß es nicht 'die Sprache' und 'das Sein' gibt, sondern Zufälle. Dieses Hindernis hat seinen Grund nicht im 'Willen' der Menschen, sondern im différend" (M. RÜB 1986, S. 97).

Wir sehen bei LYOTARD eine durchaus kapitalismuskritische Optik, die letztlich die Positionen der Kritischen Theorie (als Kritik an der "instrumentellen Vernunft") und von HABERMAS (als Kritik an den "Systemimperativen") fortsetzt. (Dies wird nach eigener Wahrnehmung postmoderner Lektüre häufig bei LYOTARD übersehen, der wegen seines positiveren Verhältnisses zur "Informationalisierung der Gesellschaft" leichtschlüssig als Apologet moderner kapitalistischer Wirtschaftsgestaltung gilt; vgl. LYOTARDs Verhältnis zum "technologischen Zeitalter" weiter unten.)

Wir bleiben an dieser Stelle - im Blickfeld der sprachphilosophischen Erörterung zwischen HABERMAS und LYOTARD - beim Dissens zwischen der Möglichkeit bzw. Unmöglichkeit kommunikativer Vernunftorientierung der Gesellschaft stehen. Vor einer nochmaligen Beschäftigung mit dieser Frage wären die Bedenken aufzugreifen, mit denen aus kritisch-marxistischer Sicht alle Versuche verworfen werden, quasi systemimmanent an der Wurzel sozialer Ungerechtigkeit - und damit auch lokaler und regionaler Disparitäten - sowie ihrer Überwindbarkeit anzusetzen.

c) Die Notwendigkeit gesellschaftlicher Strukturveränderungen für die Vollendung der Moderne

HABERMAS' (1981b) Ziel ist es, zu einem Ausgleich sozialer und systemischer Integration zu gelangen, wobei dies nur gelingen kann, wenn den Übergriffen der Systemstrukturen lebensweltliches Widerstandspotential entgegengehalten werden kann. W. KUNSTMANN (1986, S. 39) kritisiert diese Sphärentrennung gesellschaftlicher Wirklichkeit und fragt, ob etwa der Markt, das "wichtigste Beispiel für eine normfreie Regelung von Kooperationszusammenhängen" (Verf. also eine Ausdifferenzierung auf der Systemebene) "eine der lebensweltlichen Perspektive eines Käufers oder Verkäufers fremde Erscheinung" ... sei, "ebensowenig wie die Probleme und Folgen der politischen Macht dem Zeitungsleser unbekannt bleiben".

Nach KUNSTMANN wäre hier das "Lebensweltperspektive und Systemanalyse verbindende Erklärungsmuster des 'notwendig falschen Bewußtseins'" von K. MARX ein Interpretationsangebot: Es würde erklären, warum die Menschen die "wahren" Verhältnisse der Marktfunktion nicht durchschauen (können), sondern nur einzelne seiner Erscheinungsformen (z. B. die Höhe eines Preises im Verhältnis zur Kaufkraft des einzelnen Konsumenten) im alltagspraktischen Lebensvollzug. Er folgert aus diesem Beispiel:

"Hier sehe ich einen für HABERMAS durch seine Fixierung auf die Beschreibung der 'Wirtschaft' in systemtheoretischen Terms zunächst verschlossenen Weg zur Aneignung systemischer Mechanismen in der, und in die Lebenswelt, die in HABERMAS' Theorie unterbelichtet ist."

J. BERGER (nach W. KUNSTMANN 1986, S. 40) kommt deshalb zu der Schlußfolgerung, daß man besser von "... einer systemischen und zugleich sozialen Integration aller gesellschaftlichen Subsysteme" ausgehen sollte. Damit ist aber der entscheidende Punkt angerissen, ob "gesellschaftliche Veränderungen unter einem 'Primat lebensweltlicher oder systemischer Veränderungen' anzusetzen" hätten. Für HABERMAS (1981, II, S. 258ff.) scheint diese Frage zugunsten eines evolutionären Vorranges lebensweltlicher (moralischer Bewußtseins-) Veränderungen vor Strukturänderungen entschieden. Allerdings würde die früher angesprochene dezentralisierte Demokratisierung von Systembereichen durch deren institutionelle Verankerung in den Lebenswelten bedeuten, daß auch die Systemstrukturen veränderungsbedürftig seien. Dieser Version gemäß wäre von einer komplementären Entwicklung von Systemstrukturen und Lebenswelten auszugehen.

Die letztlich unklare Position HABERMAS' reizt aus marxistischer Sicht zu Widerspruch. So argumentiert K. MAASE (1988, S. 141):

"Das Grundproblem scheint ... in der mechanischen Trennung von symbolischer und materieller Reproduktion (der Gesellschaft wie der Individuen) zu liegen. Sie führt zu der Entscheidung, die praktische, gegenständliche Lebensgewinnung der Menschen aus der Analyse auszuklammern und die Lebenswelt nur durch inhaltlose

Abstimmung von Handlungsorientierungen und die Erörterung der dafür gegebenen logischen Sprechakt-Bedingungen zu charakterisieren"

Und schärfer polemisierend weist MAASE (S. 142) darauf hin,

"... daß durch den Ausschluß der Arbeit aus den Determinanten der symbolisch-kulturellen Lebenswelt die praktisch vermittelte ... und in den Lebenswelten gespeicherte ... Widerspruchsstruktur der gesellschaftlichen Verhältnisse systematisch ausgeklammert wird."

In den Rahmen einer differenzierten marxistischen Gesellschaftsanalyse wird inzwischen auch der Aspekt kulturalistischer Binnendifferenzierung einbezogen, so daß eine konzeptionelle Antwort auf die HABERMASsche Theorieposition angeboten wird. Sie verläuft über die Rezeption der "LEONTJEWschen Tätigkeitstheorie" und besagt in aller Kürze (K. MAASE 1981, S. 128-136): Im Gegensatz zu phänomenologischen Konzepten, bei denen die Dimension der Bedeutungen gegenüber den Realverhältnissen hervorgehoben ist, wird in der marxistischen Analyse der gegenständliche Charakter der Tätigkeit, ihre genetische Qualität gegenüber den Bedeutungen betont. Demnach stellt der persönliche Sinn, der sich in Erfahrungen der tatsächlichen Lebensbeziehungen der Menschen formt, eine "spezifisch tätigkeitsorientierte subjektive Vermittlung gesellschaftlicher und individueller Existenznotwendigkeiten dar".

Bezieht man diesen Gedanken auf den erreichten Entwicklungsstand der entwickelten kapitalistischen Gesellschaften, so ergibt sich der Befund, daß das Individuum zwar nach wie vor in seinen Existenzbedingungen durch "... den stummen Zwang der ökonomischen Verhältnisse bestimmt ..." wird, aber gleichzeitig seine persönliche Einordnung in plurale gesellschaftliche Bezüge zu finden hat. Diese "Individualisierung der Gesellschaft" (vgl. ausführlich U. BECK 1986, 2. Teil) bietet zunehmend die Möglichkeit, über den Tellerrand fragloser Alltagsroutine hinaus auch praktische "Widerspruchserfahrungen unter Nutzung gesellschaftlich präsenter Deutungsangebote" zu sammeln. Dieses Erfahrungswissen würde das Individuum - nach der LEONTJEWschen Tätigkeitstheorie - zu der Erkenntnis führen, daß die "lebenspraktische Kompromißbildung dieses Widerspruchs in den tätigkeitsorientierten Bedeutungen und persönlichen Sinngebungen der Lohnarbeiter zu einem wesentlichen Moment der Bewegung und also auch der historisch-materialistischen Analyse der Lebensweise" gehört. Damit wären dann auch die "Kampffelder" abgesteckt, aus denen "um die Veränderung von Ansprüchen und Lebensorientierungen entsprechend gegensätzlichen Klasseninteressen gekämpft wird" (K. MAASE 1986, S. 136). Gemäß tradierter marxistischer Strategie würden also auf dem Boden des Klassenwiderspruchs die Strukturen der kapitalistischen Verhältnisse aufzubrechen und zu überwinden sein. Letztlich bleibt der vorgezeichnete Erkenntnisgang in der bekannten abstrakten Sackgasse, nämlich der Einforderung, daß die Arbeiterklasse ihre Rolle als Subjekt revolutionärer Praxis (nun endlich) übernehmen solle.

Allerdings wird bei MAASE (S. 144-149) selbst ein empirisch greifbares Erkenntniskonzept der gesellschaftlichen Strukturvermitteltheit subjektiver Handlungsdispositionen diskutiert: das "Habitus-Konzept" von P. BOURDIEU (1982). Ohne an dieser Stelle auf den Gehalt der Gedanken von BORDIEU näher einzugehen, sei angemerkt, daß mit dem Habitus-Konzept ein Ansatz vorliegt, mit dem differenzierte Neigungen und Fähigkeiten der Menschen in der Alltagsbewältigung (Geschmack, "Lebensstil") den durch besondere soziale Bedingungen unterschiedenen Klassen und ihren feineren Untergliederungen zugeordnet werden können. Damit sind auch diffizilere Muster der Selbst- und Fremdwahrnehmung als zur gesellschaftlichen Klassenrealität zugehörig nachweisbar. Denn der Habitus funktioniert "wie eine Handlungs-, Wahrnehmungs- und Denkmatrix". Er ist ein aus gesellschaftlichen Strukturen gewachsenes, je individuelles Dispositionsschema, das die Handlungsweisen der Menschen je nach Situationsvorgabe strukturiert und gleichzeitig selbst als Set distinktiver Zeichen (der "feinen Unterschiede"), als Ausdruck gesellschaftlicher Rollenspezifizierung auf die soziale Umwelt ausstrahlt.

d) Der Maßstab endogener Regionalentwicklung: gleichwertige Lebensbedingungen in Form "postmoderner Gerechtigkeit"?

Will man nach den gesellschaftstheoretisch-philosophischen Exkursen ein klares Ergebnis vorweisen, aus welchen Ansprüchen und ihren Verwirklichungschancen sich ein Konzept "endogener Regionalentwicklung" begründen ließe, so muß die Antwort enttäuschen. Sie kann nur mehrdeutig, offen, abwägend, nicht aber ein-eindeutig sein. Dieses auf den ersten Blick wahrzunehmende Defizit der Theoriediskussion ist jedoch nicht so unverbindlich zu sehen wie es Kritiker gern der Postmoderne insgesamt als Makel einer diffusen Erkenntnishaltung und Gesellschaftsgestaltung anheften möchten. Denn der mehrdeutige Reflexionsstand entspricht der gesellschaftlichen Lage in der Postmoderne.

Um diesen Tatbestand besser zu verstehen, lohnt es sich, noch einmal bei W. WELSCH (1987a, S. 4) anzuknüpfen:

"Postmoderne und Postmodernismus sind keinesfalls eine Erfindung von Kunsttheoretikern, Künstlern und Philosophen. Vielmehr sind unsere Realität und Lebenswelt 'postmodern' geworden ... Real ist eine Gesamtsituation der Simultanität und Interpenetration differenter Konzepte und Ansprüche entstanden. Auf deren Grundforderungen und Probleme sucht der postmoderne Pluralismus zu antworten. Er erfindet diese Situation nicht, sondern reflektiert sie."

Das bedeutet, daß zum einen eine "radikale Pluralität als Grundverfassung der Gesellschaft" anerkannt wird, zum anderen der reflektierende Wissenschaftler wie Laie "Wahrheit, Gerechtigkeit, Menschlichkeit im Plural" zu suchen hat.

Wir wollen deshalb - radikal-postmodern - auf jeden Anspruch einer Einheits-Rationalität verzichten. Vielmehr soll es um die abwägende Erörterung von Konstitutionsbedingungen einer "gerechten Regionalentwicklung" gehen, wie sie als Ergebnissichtung aus der hier diskutierten "Pluralität von Rationalitätsformen" und der Auseinandersetzung zwischen ihnen möglich erscheint. Zurückgegriffen wird bei dieser Standortbestimmung v. a. auf die Positionen von HABERMAS, LYOTARD und WELSCH, die ihrerseits in unterschiedlicher Verarbeitung das sprachphilosophische Gerüst WITTGENSTEINs in sich tragen, die über sich hinaus jedoch den scharfen Zeigefinger der marxistischen Gesellschaftsanalyse aushalten müssen.

Eine endogene Regionalentwicklung müßte den folgenden Grundansprüchen entsprechen:

(1) Die gesellschaftliche Gerechtigkeit ist "doppelt-kodiert":

- Sie hat funktional gerecht zu sein, indem sie Minimalstandards von Lebensbedingungen verfügbar macht, die das gesamtstaatliche Entwicklungsniveau hergibt: ausreichende soziale Dienstleistungen, operative Infrastrukturen (z. B. Verkehrssystem), ökologische Belastungsminimierung und disponible investive Starthilfen. Schlicht gesagt, geht es um die Herstellung solcher "Gleichwertigkeit von Lebensbedingungen", auf deren Plattform sich eine "eigenständige Regionalentwicklung" vollziehen kann.

- Sie ist kreativ-pluralistisch auf eine Gerechtigkeitsentfaltung angelegt, die bei Wurzeln "endogener Potentiale" ansetzt und sie weiterentwickelt (vgl. hierzu das konkrete Fallbeispiel Ostfriesland weiter unten). Dieser Gedanke wird folgendermaßen weiter differenziert.

(2) Der "postmoderne Gerechtigkeitstypus" in seiner regionalen Entfaltung besitzt eine Inhalts- und Verfahrensform:

Zur Inhaltsform "gerechter" Regionalentwicklung:

(a) In HABERMAS'(1988) jüngster Entwicklungsperspektive der Gesellschaft bleibt der Komplex der "technologischen Wende" nahezu ausgeklammert, obwohl diese von ihren systembezogenen Entstehungsquellen her auf die HABERMAS so wichtigen lebensweltlichen Strukturen durchschlägt. (Im einleitenden Teil dieser Ausführung wurde auf die allgemein sozialen wie raumwirksamen Konsequenzen der technologisch-telekommunikativen Innovationen eingegangen; vgl. Kap. 3 u 4)

Die Postmoderne hat nun aber nach W. WELSCH (1987b, S. 62) davon auszugehen, daß innerhalb einer "Paradigmenkonkurrenz" das "Technologische das Verbindlichste" ist, "... das Standbein, das zugleich andere Bewegungen nicht nur des Spielbeins, sondern auch der anderen Gliedmaßen und des Gesamtkörpers ermöglicht". Es ist LYOTARD, der diesen entscheidenden Einfluß der neuen Technologien auf unsere Lebensgestaltung thematisiert und als ambivalente Wertigkeit begreift. Einerseits stoßen Technologien und die Informationsverarbeitung in die durch den Legitimationsverlust der "großen Erzählungen" nach dem Zweiten Weltkrieg entstandene Lücke an sinnstiftender ideeller und materieller Lebensqualität. Besonders die informationelle Sprache dringt über ihre Expertenexklusivität hinaus in den Alltag ein und kann dort uniformierend und traditionelle Symbolgehalte zersetzend wirken. LYOTARD sieht diese Gefahr sehr eindringlich, denn

> "... indem die neuen Technologien auf die Sprache einwirken, wirken sie direkt auf das soziale Band, auf das Zusammensein. Sie machen es unabhängig von den traditionellen Regulationen ... und direkter betroffen ... von der Technik und vom Markt ... Die Folgen des Eindringens des Kapitalismus in die Sprache sind noch gar nicht abzusehen" (zit. nach M. RÜB 1986, S. 97).

Andererseits ist LYOTARD jedoch realistisch genug, davon auszugehen, daß der Weg der neuen Technologien bis in die Verästelungen des Alltagslebens nicht mehr aufzuhalten sei ("... im nächsten Jahrhundert wird es keine Bücher mehr geben ...", "... Datenbanken werden zur 'Natur für den postmodernen Menschen' werden"). Deshalb gibt er dem Impetus der technologischen Durchdringung des gesellschaftlichen Lebens eine - von vielen Kritikern als blauäugig verworfene - konstruktive Wende: die Postmoderne muß sich der zersetzenden Uniformierungswirkung v. a. der Kommunikationstechnologien entgegenstellen. So soll sie ihre instrumentellen Vorzüge nutzen, indem man sie ihrer operativen Verselbständigungstendenzen entkleidet und "repartikularisierend" erneut in "heterogene Kontexte eingliedert" (W. WELSCH 1987b, S. 66). Anders ausgedrückt, man widersetzt sich der Technologie in ihrer unterschiedliche Systembereiche und Lebensformen überziehenden sinnstiftenden Konstitutionskraft und nutzt sie für sehr unterschiedliche und im Kern nichttechnologische Zielsetzungen. Diese Strategie einer konstruktiv-kreativen Umpolung der Kommunikationstechnologien zum Kulturinstrument einer "gerechteren Informationsgesellschaft" wird bei LYOTARD (1986, S. 107f., 192f.) von der Einlösbarkeit zweier Prämissen abhängig gemacht. Zum einen gilt es, daß "... im Prinzip ganz einfach ..., ... die Öffentlichkeit freien Zugang zu den Speichern und Datenbänken ..." hätte, denn sonst würde die "Informatisierung der Gesellschaft ... das 'erträumte' Instrument zur Kontrolle und Regulation des Systems des Marktes" werden. So naiv und leicht kritisierbar diese Forderung klingt, so unabdingbar wäre sie angesichts der Gewißheit, daß der Vormarsch des "technologischen Zeitalters" nicht mehr zu verhindern ist.

Zum anderen wäre eine alternative Instrumentalisierung der Informationstechnologien nur dann sinnvoll für eine gerechtere Gesellschaftsentwicklung, wenn die "Phantasie von Gruppen" vorhanden wäre, die,

"... die vorhandenen Daten zu ganz anderen Zwecken als denen der Systemoptimierung und Kontrolle einsetzen; sie könnten sie in anderen Sprachspielen mit anderen Zugsorten verwenden. Und so wäre die technologische Uniformierung nachträglich durch eine neue Polymorphie entschärft." (W. WELSCHS 1987a, S. 219f.).

Es war notwendig, auf diesen Aspekt der technologisch-informationellen Innovationsentwicklung der postmodernen Gesellschaft genauer einzugehen, weil sich hier die Gretchenfrage für akzeptabel zu haltende "endogene Regionalentwicklungen" stellt. De facto dringen v. a. Kommunikationstechnologien unaufhaltsam auch in periphere Räume ein, werden im

Sinne neokonservativer Wirtschaftspolitik als "Büchsenöffner" für einen effizienten regionalen Wirtschaftsaufschwung gesehen und bergen gleichzeitig die realistische Gefahr, die Abhängigkeit und Ausbeutbarkeit der strukturschwachen Regionen von den dispositiv gestaltenden Machtzentren auf nationaler und internationaler Ebene zu erweitern. (Beispiele der tekommunikativen Durchdringung peripherer Räume und/oder des flachen Landes liegen in der Fachliteratur verarbeitet inzwischen in großer Anzahl vor.)

Gegen diese hierarchisierende technologische Strukturverfestigung gehen deshalb andere Konzepte eigenständiger Regionalentwicklung an, indem sie sich auf die Förderung solcher endogener Potentiale zurückziehen, die kleinräumig-geschlossen, ökologisch-selbsterhaltend und auf lokale Arbeits-/Berufs- und sozialkulturelle Traditionen aufbauend in Selbstbestimmung gestaltbar sind. Indem also eine weitgehende Abkoppelung von regionsübergreifenden Wirtschafts- und Politikstrukturen bevorzugt wird, wird auch eine Enthaltsamkeit gegenüber technologischem Fortschritt und der informationellen Verflechtung mit regionsexternen Steuerungsmechanismen geübt.

Die eigene Position in dieser Frage ist also gefordert: Es wird davon ausgegangen, daß zum "postmodernen Gerechtigkeitstyp" einer eigenständigen Regionalentwicklung die Anwendung technologisch-telekommunikativer Innovationen gehört. High-Tech, Low-Tech und Kommunikationstechnologien sind so zu nutzen, daß sie die Entdeckung, Wiederbelebung und Weiterentwicklung endogener Faktoren unterstützen und zur dezentralen Verknüpfung und verstärkenden Rückkoppelung ökologischer, ökonomischer und sozialkultureller Entwicklungsmodule in regionalen Einheiten beitragen.

Natürlich müßte dieses Zugeständnis an den bestehenden technologischen Entwicklungsstand differenzierter weiterdiskutiert werden. Sicherlich würde dabei eine Unterscheidung nach den gesellschaftlichen Anwendungsbereichen technologischer Innovationen notwendig sein. Für die Weiterentwicklung der Gentechnologie beispielsweise wären frühzeitig (jetzt!) grundsätzliche und generell wirksame enge ethische und ökologische Grenzen zu setzen. Demgegenüber lassen sich die Informationstechnologien konkreter auf ihren jeweiligen - dezentral dem Anwenderanliegen gemäßen - Nutzen und die damit verbundene demokratische Kontrollierbarkeit prüfen. (Über den Verfahrensmodus einer "gerechten" Teilhabe regionaler Träger und Bevölkerung am technologischen Instrumentarium wird weiter unten berichtet; über mögliche Konkretisierungen ihrer Anwendung wird ansatzweise am Beispiel Ostfrieslands zu sprechen sein.)

(b) Für eine "regional gerechte" Entwicklungsperspektive ist ein "mehrfachkodiertes"Verständnis gesellschaftlicher Arbeit unerläßlich: Gemeint ist im doppelten Sinne eine Kombination traditioneller und lokaler Arbeits- und Berufsformen mit solchen der (vorhandenen) Moderne.

Zum einen zeigen strukturschwache Regionen eine - meist punktuelle - Lokalisation und Konzentration von Produktionsstätten der Industrie und des Gewerbes (z. B. in Ostfriesland mit hafengebundenen Grundstoffindustrien und wenigen Produktionsstandorten verarbeitender Industrie). So wechselhaft eine kontinuierliche Existenz solcher "verlängerter Werkbänke" ist, sind sie doch *ein* Bein zur Deckung des Arbeitsplatzbedarfs. Ein - mit regionaler Abkoppelungsstrategie - verbundener Verzicht auf dieses Potential an Erwerbsarbeit und damit Rückzug auf das Beschäftigungsreservoir kleingewerblicher "Nischenproduktion" und informeller Arbeit würde eine weitere ökonomische Ausdünnung und Schwächung der Region bedeuten. Besonders förderungsbedürftig sind daneben jedoch alle formellen und informellen (Teil-)Arbeitsmöglichkeiten, die sich auf der Grundlage tradierter oder neuer Berufs- und Produktionsqualifikationen im mittel- und kleinbetrieblichen Erwerbsbereich entwickeln lassen.

Zum anderen ist - im Sinne postmoderner Mehrfachkodierung - die Kombination aus lokalen (endogenen) und (exogen bedingten) Strukturelementen regionaler Ökonomie und Arbeit aus einem anderen Grunde wichtig:

Gerade bei peripheren oder vom wirtschaftlichen Niedergang geprägten Räumen, die dieses Defizit aufgrund relativer Vernachlässigung durch systemstrukturierte Produktionsbereiche aufweisen, sollte die akzentuierte Förderung der auf endogene Potentiale gegründeten Arbeit auf die Formel setzen:

"Nicht nur Funktion, sondern auch Fiktion", (H. KLOTZ 1984, zit. nach W. WELSCH 1987a, S. 21 f); das hieße, regionalspezifischen Arbeitsstrukturen das Vermögen zur Entfaltung sinnstiftender Qualität zuzutrauen.

So gesehen, könnten von der Erwerbssituation bislang stiefmütterlich ausgestattete Regionen eine Experimentierfunktion in der Entwicklung identifikationsfähiger Arbeitsverhältnisse einnehmen. Sie wären dann an dem Anspruch einer wechselseitigen Beeinflussung systemisch und lebensweltlich strukturierter Gesellschaftsentwicklung unter dem HABERMASschen Primat der evolutionären Sozialintegration bzw. dem LEONTJEWschen Aspekt der "Vermittelbarkeit persönlichen Sinns" über gesellschaftliche Tätigkeit zu messen. Sie würden die Verbindung materieller Produktionsgehalte mit symbolischen Aneignungsqualitäten der kulturellen Reproduktion bewirken, weil v. a. (lokale) Arbeitsformen wieder stärker in den sozialkulturellen Lebenszusammenhang eingebettet wären.

Als Fazit ergibt sich: Eine eigenständige Regionalentwicklung setzt auf die Zusammenführung exogen und endogen bedingter Arbeitsformen und Produktion. Sie setzt auf die im individuellen oder familiär/kleingruppenbezogenen Zusammenhang realisierbaren Kombinationen formeller und informeller, lokal gebundener oder im Berufspendeln zugänglicher Erwerbsmöglichkeiten. Dabei ist der zunächst quantitative Aspekt der Sicherung eines ausreichenden materiellen Erwerbsangebots in der Region von Bedeutung. Darüber hinaus ist wichtig, daß sich über die Entfaltung der endogen entwickelbaren Arbeit und Produktion Möglichkeiten und Freiräume der individuellen Selbstverwirklichung durchsetzen und als Anspruch auf die Gestaltung der Arbeitsverhältnisse im Bereich systemabhängiger Industrieproduktion einwirken. Wichtig ist auch, daß sich der Sektor sozialkultureller Reproduktion als Ort gesellschaftlicher Arbeit öffnen und vergrößern läßt.

(Wiederum wird sich erst am Beispiel Ostfrieslands konkreter darstellen lassen, welche Entwicklungsmöglichkeiten regionaler Arbeitsstrukturen anzupeilen wären.)

(c) Den sozialkulturellen Lebensformen und ihren materiellen Strukturen kommt nicht nur erhöhte Bedeutung im Sinne "weicher Standortfaktoren" zu, sondern darüber hinaus die Schlüsselfunktion zur Vernetzung unterschiedlicher ökonomischer, ökologischer, kultureller und landschaftlicher Entwicklungsdispositionen mit identifikationsstiftenden Qualität für die regionale Bevölkerung (vgl. auch R. KRÜGER 1987, S. 169ff.). Im zweiten Aufsatz dieses Bandes (Kap. 2.1) ist für die Stadtentwicklung dargelegt, welche Bedeutung "weiche Standortfaktoren" - als tatsächliche Materialisierungen v. a. kultureller Profilierung, aber auch nur als verbalisierter Schein (vermeintlicher) Attraktivität - für ökonomische Belebungsversuche haben. Dieser Sachverhalt gilt gleichermaßen für periphere Regionalentwicklungen, bei denen zur Förderung von Gewerbeansiedlungen und v. a. des Fremdenverkehrs eine raumspezifische Angebotspalette betont wird - vom landschaftlichen Ambiente bis zu kultureller Unverwechselbarkeit einzelner Orte oder Regionen.

Die Schlüsselrolle des sozialkulturellen Potentials bei der Regionsentwicklung ist jedoch grundsätzlicher gemeint: Unter dem Begriff der "Lebensform" verstehen wir - nach dem in Oldenburg entwickelten Forschungskonzept für Ostfriesland (vgl. auch R. DANIELZYK, R. KRÜGER, im Druck) - typische Formen alltäglicher Lebenspraxis im Hinblick auf ihre subjektive Erfahrung und ihre strukturelle Bedingtheit. Es handelt sich dabei um Gruppen von Individuen weitgehend gleicher bzw. ähnlicher Lebensführung, die sich in spezifischen Verbindungen von Denken, Fühlen und Handeln mit Formen der Berufs- und Haushaltsarbeit, Schattenwirtschaft sowie politischen und kulturellen Aktivitäten äußern. Lebensformen sind also durch sinnhaftes Handeln der Individuen in einem strukturellen Rahmen konstituiert, der sich selber durch soziales Handeln verändern kann.

Im Sinne der diskutierten "Heterogenität postmoderner Sprachspiele" soll der Hinweis auf das Denken, Fühlen und Handeln in verschiedenen Lebensbereichen verdeutlichen, daß in Lebensformen verschiedene "Rationalitätstypen" Geltung erlangen. Beispielsweise wäre neben der Rationalität des homo oeconomicus (als Ausprägung einer von den Systemimperativen gewollten Effizienz) auf Rationalitäten im Bereich kognitiv-affektiver Selbstreflexion und Emanzipationsfähigkeit oder im Bereich des eher Irrationalen und Unbewußten (z. B. regionalistisch zu diffusen Heimatgefühlen neigender Menschen) zu verweisen.

Es soll deutlich werden, daß diese Lebensformen als Mikrokosmen der Vernetzung der sozialkulturellen Lokalspezifika mit den strukturellen Systemimperativen der wesentliche Konzentrationspunkt für Ansätze eigenständiger Regionalentwicklung sind:

- als zu aktivierende Reflexions- und Selbstbestimmungsinstanz endogener Entwicklung sowie
- als symbolische und handlungsbefähigte Instanz des Vernetzt-Seins und der Vernetzbarkeit von endogenen Potentialen untereinander und mit den systemaren Außenbedingungen sowie ihrer zukünftigen Ausgestaltung in neuen regionalen Profilmustern.

Damit dürfte einsichtig sein, daß die unter (a) und (b) diskutierten Dimensionen einer "gerechten Regionalentwicklung" sich nur im Vermögen ihrer in Lebensformen gebundenen Bevölkerung verwirklichen lassen. Die Realisierungschancen einer eigenständigen Regionalentwicklung sind jedoch vom Verfahrensmodus abhängig, unter dem die Durchsetzung gesellschaftlicher Gerechtigkeit gelingen könnte.

Zur Verfahrensform "gerechter" Regionalentwicklung:

Wir haben hiermit den sensibelsten Punkt der Glaubwürdigkeit endogener Entwicklungsstrategien erreicht. Denn, wenn man nicht dem marxistischen Gesellschaftsziel folgen kann, daß über eine revolutionäre Änderung der Gesellschaftsverfassung gleichsam "von oben" die Gleichheit der Lebensverhältnisse - auch im Raum - zu bewirken ist, kehrt das Gerechtigkeitsproblem wieder zu seinem sprachphilosophischen Ausgangspunkt, zur Kontroverse zwischen HABERMAS und LYOTARD zurück. Läuft - unter der kapitalistischen Gesellschaftsordnung - der das Gerechtigkeitsziel vermitteln sollende Vernunftgebrauch auf Dissens- oder Konsenskurs zwischen gesellschaftlichen Interessen und ist über eine Diskursorientierung überhaupt ein Fortschritt im Ausgleich unterschiedlicher Ansprüche innerhalb einer Gesellschaft denkbar? Die ansonsten sehr anregenden Gedanken W. WELSCHS (1987a), die um den Begriff der "transversalen Vernunft" kreisen, scheinen zu dieser zentralen Frage eine zu optimistisch glatte Antwort bereitzuhalten.

Erinnern wir uns an HABERMAS' Ansicht, daß in der "Telos-Struktur" der Sprache selbst das Potential eingebaut ist, das die gegenseitige Verständigung in der Gesellschaft ermöglicht und damit eine Plattform legt, von der aus sich im kommunikativen Handeln - im intersubjektiven Gelingen - normative Zielsetzungen formulieren und in eine gerechtere Gesellschaftsentwicklung umsetzen lassen.

Aufgrund der unverbundenen Heterogenität der Diskursarten betont LYOTARD seinerseits, daß es vor allem keine Ableitung des Gerechtigkeitsdiskurses aus dem Wahrheitsdiskurs, keine Ableitung der Präskription aus der Deskription gibt, wie sie im Denken der großen "Metaerzählungen" ausgeprägt war. Die Überzeugung, "daß es ein wahres Sein der Gesellschaft gibt und daß eine Gesellschaft gerecht sein wird, wenn sie mit diesem wahren Sein der Gesellschaft konform ist" (LYOTARD, hier und weiter unten zit. nach M. RÜB 1986, S. 94) stößt also ins Leere. Dennoch interpretiert W. WELSCH (1987a, S. 239f.) sehr feinsinnig, daß gerade aus dieser Heterogenität der je für sich gleichwertigen Sprachspiele die "Idee der Gerechtigkeit erwächst". Der in mancher Rezeption als schockierend und resignativ aufgenommene Ausspruch LYOTARDs gibt so gewendet Sinn, daß nämlich

"... die Gerechtigkeit folgende wäre: der Vielfalt und Unübersetzbarkeit der ... Sprachspiele ihre Autonomie, ihre Spezifität zuzuerkennen, sie nicht aufeinander zu reduzieren; mit einer Regel, die trotzdem eine allgemeine wäre, nämlich 'laßt spielen ... und laßt uns in Ruhe spielen'."

Gerade wegen des Selbstständigkeits- und Gleichwertigkeitsanspruchs eines jeden Diskurses für sich kann es - nach W. WELSCH - keine allgemeine positive Gerechtigkeitsform geben, wohl aber eine verpflichtende Idee zur Gerechtigkeit, damit die "Reinheit eines jeden Spiels" erhalten bleibt. LYOTARD glaubt im nächsten Schritt, daß die Idee der Gerechtigkeit zur Ermöglichung eines jeden Sprachspiels gerade in der modernen Demokratie mit ihrer sich auf Widerstreit einlassenden Praxis aufgehoben sein kann: "... die Idee der Gerechtigkeit ist strukturell in sie eingebaut, und in ihr hat die Gerechtigkeitsarbeit ihre größten Chancen" (W. WELSCH 1987a, S. 240).

Es wird nun immer unklarer, warum eigentlich HABERMAS und LYOTARD als so konträre Exponenten hinsichtlich der Verwirklichungschance rationalen Vernunftgebrauchs mit dem Ziel einer gerechteren Gesellschaftsentwicklung gelten. Dies, zumal HABERMAS (1988, S. 1-14) in seiner jüngsten Argumentation über die "Einheit der Vernunft in der Vielheit ihrer Stimmen" der auf die Polymorphie der Diskursarten und Zufälligkeit der Verständigung abhebenden Position LYOTARDs näher rückt, nämlich,

"daß die Einheit der Vernunft allein in der Vielheit ihrer Stimmen vernehmbar bleibt - als die prinzipielle Möglichkeit eines wie immer okkasionellen, jedoch verständlichen Übergangs von einer Sprache in die andere. Diese nur noch prozedural gesicherte und transitorisch verwirklichte Möglichkeit der Verständigung bildet den Hintergrund für die aktuelle Vielfalt des einander - auch verständnislos - Begegnenden."

Will man diese Ausführungen zum postmodernen Gerechtigkeitsanspruch auf einen Verfahrensmodus ihres Wirksamwerdens in Möglichkeiten eigenständiger Regionalentwicklung übertragen, bleibt man angesichts der Abstraktheit der geschilderten Positionen auf den Versuch eigener Konkretisierung angewiesen. Immerhin steht fest, daß LYOTARD der demokratischen Verfaßtheit einer den Widerstreit von Interessen aushaltenden Gesellschaft und HABERMAS den Vorzug einer sozialintegrativen Verständigungsorientierung in den Vordergrund stellen, wobei HABERMAS einschließt, daß auch die systemischen Teilstrukturen einer institutionellen Verankerung in der Lebenswelt bedürfen.

Die Verfahrensform einer "gerechten Regionalentwicklung" dürfte damit in einer basisdemokratischen, auf den Interessensartikulationen der Lebensformen ruhenden Auseinandersetzung um normative Gestaltungsziele für die Region liegen. Die notwendigen Diskurse wären allerdings - in Verbindung zu den in die Region einwirkenden Systemstrukturen - in möglichst dezentralisierten Institutionen einzurichten sein.

Konkret wäre hierzu auf eine Reihe praktizierter oder in unterschiedlichen Diskussionszusammenhängen bekanntgewordene Vorschläge zu verweisen: Dezentralisierung des Planungs- und Verwaltungshandelns, Stärkung regionaler Arbeitnehmer- und Wirtschaftsbelange sowie politischer Handlungsspielräume durch Kompetenzerweiterung lokaler und regionaler Partei-, Verbands- und regionalspezifischer Organisationen; umgekehrt größere Beteiligungsrechte lokaler, regionaler und sozialer Bewegungen "von unten" (z. B. Bürgerinitiativen) bei der Formulierung und Durchsetzung politischer Willensbildung.

Spezifischer sind demokratische Verfahrensformen, die bereits institutionell von sich aus den sozialkulturellen Pluralismus von Regionen berücksichtigen, so etwa als ein Beispiel die "Ostfriesische Landschaft", die im Rahmen gewisser kulturpolitischer Regionalhoheit auch - in bescheidenem Umfang - staatliche Haushaltsmittel für endogene Entwicklungsförderung verteilen kann. Insgesamt müßte das regionale Infrastruktursystem von Bildung und Kultur (z. B. in der Erwachsenenbildung, in den Kooperationsmöglichkeiten von Hochschulen und Regionen) auf einen Dauerfluß gegenseitigen kommunikativen Austauschs zwischen Experten- und Alltagswelt eingestellt werden. Darüber hinaus wären den unterschiedlichen - sich verändernden und neu entstehenden - sozialen und kulturellen Basisinitiativen die minimalen administrativen und materiellen Voraussetzungen einzuräumen, die sie aus ihrer gesellschaftlichen Abseitslage zu gleichberechtigten Teilnehmern "am Spiel der Sprachspiele" werden ließen.

Schließlich müßte bei weitreichenden, den Lebenskontext regionaler Bevölkerung berührenden Planungen - u. a. für industrielle Großprojekte oder (ökologisch) risikoreiche Ressourcennutzungen (z. B. der Abfallbeseitigungswirtschaft) - plebiszitäre Willensbildungen möglich werden, die jedoch über den Vorlauf rational-sachlicher Aufklärung auch den Aspekt des gesellschaftlichen Gesamtinteresses an Planungsentscheidungen zu berücksichtigen hätten.

Wiederum bleiben aber auch diese Andeutungen der Demokratisierung regionaler Entwicklungsgestaltung allgemein. Da es keinen für alle Regionsentwicklungen rezeptartigen Katalog demokratischer Verfahrensregelungen geben kann, ist auch hier die weitere Diskussion erst fallspezifisch weiterzuführen. Wir haben den Punkt erreicht, uns mit der Region Ostfrieslands einem solchen konkreten Beispiel zuwenden zu können.

8. Ostfriesland: Zur Ausgangslage eines peripheren Raumes für endogene Regionalentwicklung

Es soll angenommen werden, daß sich Ostfriesland fast idealtypisch für eine Interpretation postmoderner Gesellschaftsgestaltung eigne. Vielleicht gerade deshalb, weil es gegenüber augenfälligerer Dramatik metropolitaner Ökonomie, Kultur und Lebenswelt auf den ersten Blick wie ein belangloses Mauerblümchen dasteht. Doch treten in seiner räumlich-sozialen und ökonomischen Überschaubarkeit gleichsam mosaikartig die Bausteine einer möglichen Zukunftstextur zutage, die sich vom gegenwärtigen Stand ausgehend als Perspektive "vorausdenken" läßt.

Doch zuerst wäre zu klären, was über Ostfriesland bekannt ist:

- Das Profil einer unverwechselbaren Landschaft, v. a. von Marsch und Moor, die sich in sattem Grün der Wiesen und Weiden im Horizont mit den wechselnden Wolkenbildern des grau-blauen Himmels oder des anwellenden Meeres vermischt. Hinzu treten beschauliche Sielhäfen, rundlingsartige Wurten mit markanten Backsteinkirchen, langgestreckte Kanalreihensiedlungen, geordnet angelegte und sich heute teils schnuckelig herausputzende Kleinstädte sowie überall eine überwiegend handwerklich ordentliche Klinkerbauweise der Gebäude. Schließlich müßte man dem landschaftlichen Gesamtbild zufügen: die belebenden Tupfer der Schwarzbunten (Ostfrieslandkuh), das verzweigte Netz der Wasserläufe, das beschauliche Ruhen oder Navigieren der Fischer- und Freizeitboote auf kleinen Hafenflächen, Kanälen und am Küstensaum sowie die wie zufällig ins Auge springenden Mühlen und windschiefen Baumalleen. Doch, was ist bereits weniger bekannt an Ostfriesland?

- Das Trugbild einer "heilen Welt" in der landschaftlichen Klarheit wird schon in ihrem eigenen natürlichen Milieu unterminiert durch um sich greifende Schäden wie Wasserverschmutzung, Fisch- und Robbensterben. Eigentlich bedürfte es aber nicht erst dieses ökologischen Warnfingers, dessen mahnende Geste z. T. auch die eigene Region mit ihren Schadstoffen als Verursacher trifft, vor allem aber die Planungen oder Realität, hierher Risikoindustrien abzuschieben (wie z. B. die Dünnsäureverklappung durch die Kronus Titan Werke in Nordenham oder die vorgesehenen Hochtemperaturverbrennungsanlagen für marinen Sondermüll).

- Darüber hinaus ist Ostfriesland insgesamt ein "Armenhaus" (geblieben), in dem sich in Teilregionen eine Arbeitslosigkeit von über 20 % festgesetzt hat. Viel wurde geredet über riesige Zukunftsprojekte, wie den Dollart-Hafen-Bau, der den wirtschaftlichen Umschwung bewirken soll. Das lehrreiche Beispiel im angrenzenden Wilhelmshaven zeigt, daß trotz mehrerer hundert Millionen an Privat- und Staatsinvestitionen in Hafen- und Industrieanlagen statt mehrerer Tausend keine 400 Arbeitsplätze auf dem Boden einer inzwischen zerstörten Kulturlandschaft geschaffen worden sind. Stattdessen erschrickt man über Investitionsruinen, über ein Gespensterszenario, das heute den Ruhrgebietsurlaubern von Hooksiel als eine ihnen von zu Hause vertraute Industriekulisse im Rücken ihres Badeerlebnisses steht.

- Immerhin: Wo der neue "VW-Passat" in Emden in einer vollautomatisierten Produktionsstätte mit "in-time" an die Endfertigung angeschlossenen Zulieferwerken in Leer und Oldenburg (für Plastik- und Knautschteile) aus der Halle rollt, fließt auch für ca. 10.000 Beschäftigte, die meisten von ihnen Pendler aus dem Hinterland, guter Lohn. Neben dieser Filiale des Autokonzerns, dessen Bilanzen wie der Pulsschlag des Auf und Ab der Existenzsicherheit registriert werden, ist es der Fremdenverkehr auf den Inseln, an der Küste und im Hinterland, der zu einem beachtlichen Wirtschaftsfaktor aufgestiegen ist. Nicht wenige der - z. T. heute nicht mehr oder nur noch teilweise von der Landwirtschaft lebenden - Familien kennen deshalb den altbekannten Stoßseufzer "der ersten Tod, der zweiten Not, der dritten Brot" nur noch als Erinnerung an die Vergangenheit der Erschließung der Moore.

- Doch trotz dieser sektoralen Wirtschaftsbemühungen dümpelt Ostfriesland bislang ökonomisch auf seichtem Grund und ohne den befreienden Schlag einer tragfähigen Gesamtentwicklungsstrategie vor sich hin. (So fern sich die beiden Regionen in Aussehen sowie ererbter Berufs- und Wirtschaftsstruktur sind, Ostfriesland durchleidet ökonomisch und sozial das "Schicksal eines Ruhrgebiets".)

- Und wie reagieren die Menschen auf dieses Schicksal? Mehrheitlich in erstaunlicher Lethargie bis Gelassenheit. Teile der nicht oder nur unzureichend durch offizielle Erwerbsarbeit abgesicherten Menschen leben von Formen der Schattenwirtschaft (von der Nachbarschaftshilfe beim Hausbau über handwerkliche Schwarzarbeit bis hin zur Vermietung und Dienstleistung im Fremdenverkehr). Auch Fernpendeln (zu Daimler-Benz nach Stuttgart beispielsweise) ist ein Ventil gegen Verarmung. Gerade diese Berufsgruppe zeigt ihre besondere Anhänglichkeit an Ostfriesland, wenn sie zum Wochenende mit ihren Autos zurück an die Küste donnert.

- Ein ganz wichtiger Punkt also: die Anhänglichkeit der Ostfriesen an ihre Heimat, mit der nicht das von Ostfriesen-Witzen, Otto Waalkes, dem "Ostfriesenabitur" und anderen Klischees verzerrte Raumbild touristischer Vermarktung oder von außen attestierter provinzieller Geringschätzung gemeint ist. Vielmehr geht es um die bestehenden familiären und örtlichen Vertrautheitsbezüge, die sich in vielfältigen z. T. traditionellen Freizeitbeschäftigungen (wie Klootschießen oder Boßeln) und regem Vereinsleben äußern. Auch handelt es sich häufig um den eigenen Grund und Boden, an dessen ständiger Verschönerung gewerkelt wird. Und vielleicht wohnen solchem Beharrungsvermögen an Ort und Region auch ostfriesische Mentalitätszüge inne, die in der jahrhundertelangen Auseinandersetzung mit Meer und Moor gewachsen sind und die sich gegenüber der Lebenshektik der modernen Dienstleistungsgesellschaft als ziemlich resistent erweisen? (Solchen Bewußtseinshaltungen gälte jedoch eine besonders sensible und vorsichtige Annäherung, um nicht in bekannte ideologisch-ethnische Stilisierung zu fallen.)

- Und wie reagiert staatliche Politik auf diese Mischung ökonomischer Defizite und ihre - sozialpsychologisch gedeutet - "Erträglichmachung" durch die Bevölkerung? Von oben, d. h. von den planerisch und politisch entscheidenden Instanzen, der Niedersächsischen Landesregierung vor allem, aber auch den Förderprogrammen des Bundes ist über lange Jahre allein der Entwicklungsstrang über Infrastrukturvorleistungen und -anreize für großindustrielle Schwerpunktsetzungen verfolgt worden - mit den bekannten Mißerfolgen.

- Immerhin hat parallel dazu eine regionale Kulturpolitik mit einer in Ostfriesland selbst zu verteilenden jährlichen Fördersumme von 1 Mio. DM dazu geführt, daß man - v. a. außerhalb Ostfrieslands - anerkennend von einem für einen ländlichen Raum einmaligen institutionalisierten Kulturangebot spricht. Träger der regionalen Kulturpolitik ist an Staates Stelle die "Ostfriesische Landschaft", ein auf diesen Sektor beschränktes autonomes Parlament und Exekutive, das seine Tradition aus einer ins Mittelalter reichenden Ständevertretung Ostfrieslands ableitet.

Die Ostfriesische Landschaft besitzt am Sitz der Einrichtung in Aurich eine umfangreiche Bibliothek, ein "Ostfriesisches Kultur- und Bildungszentrum" und ein "Forschungszentrum für den Ostfriesischen Küstenraum". Wichtiger aber sind vielleicht die dezentrale Organisation und Betreuung eines Museenverbundes (Fachstelle Museum), die Malschulen und Drucktechnischen Werkstätten, die Förderung der Heimatvereine und Regionalsprachen, eine Schriftstellervereinigung, die Laienspielgruppen, die Graphothek und die Orgelakademie. Nimmt man die Existenz von neun lokalen Tageszeitungen, das "Otto-Haus" in Emden und die in dieser Stadt von Henri Nannen ins Leben gerufene "Emdener Kunsthalle" (diese quasi als hochkulturelles Entree in die ostfriesische "Provinz") hinzu, so kann von einem differenzierten Aktivitätsmuster regionaler Kultur gesprochen werden, wobei problematisch bleibt - und nur im Einzelfall konkret nachweisbar wäre - , was und wie intensiv dieser Kulturansatz "von oben" mit den Artikulationsbedürfnissen der Menschen "von unten" zur Deckung zu bringen ist.

- Was den regionalpolitischen Elan der Landesregierung auf ökonomischem Gebiet angeht, so findet jüngst ein Umdenkungsprozeß statt, der sich an Stelle der in Großprojekten gemeinten Fremdsteuerung von außen auf die "endogenen Entwicklungspotentiale" Ostfrieslands besinnt. Mit der "Ostfrieslandkonferenz" vom Oktober 1987 wurde auf Initiative der Regierung der Versuch unternommen, die in Wirtschaft, Politik, Kultur und Wissenschaft für Ostfriesland kompetenten Repräsentanten zu einem "Brain-storming" über die ökonomisch verwertbare Belebung "eigenständiger Potentiale" in Ostfriesland anzuregen. Wenngleich neo-konservative Wirtschaftswendepolitik damit gleichzeitig ein Stück Verabschiedung ihrer sozialen Fürsorgepflicht für die vernachlässigte Peripherie probt, sollte die Zielsetzung der "Ostfrieslandkonferenz" doch als die ambivalente Schnittstelle gesehen werden, an der auch der positiven Gestaltungsalternative regionalen Lebens in der Pluralität unterschiedlicher Wirtschafts-, Arbeits- und Alltagsansätze stärkere Beachtung zu schenken wäre.

Ist es soweit, daß sich Ostfriesland aus seiner "Überwinterung" als vernachlässigter Lebensraum löst und zu einem Modellfall einer attraktiven postmodernen Entwicklung wird?

9. Beispiele "postmoderner Strickmuster" eigenständiger Regionalentwicklung in Ostfriesland

Um diesen allgemein formulierten Hoffnungsstrahl konkreter werden zu lassen, sollen Spuren für die Textur eines Zukunftsentwurfs für Ostfriesland nachgezeichnet werden, die sich aus teils vorhandenen, teils zu belebenden, teils von außen übertragenen Lebens-, Arbeits- und Berufsmodulen zusammensetzen könnte. Zunächst soll an zwei Beispielen angedeutet werden, wie man sich den angesprochenen Entwicklungsimpetus als Fragestellung einer qualitativen Regionalforschung für Ostfriesland konkret vorstellen könnte.

1. Fall: Zwischen Norden und Aurich: High-Tech - Low-Tech - Informationstechnologien - industrielle Erwerbsarbeit - regionale Geschichtsarbeit - Sanfter Tourismus.

In der Stadt Norden hat sich im Schoße der Kreisvolkshochschule eine "Gemeinnützige Ausbildungsgesellschaft" entwickelt, die in einer stillgelegten Produktionshalle der Olympia-Werke AG ein "Ausbildungs- und Telematikzentrum" betreibt. Aus der Hoffnungslosigkeit, d. h. dem Fehlen von Ausbildungs- und Arbeitsplätzen - konkret symbolisiert in der von den Olympia-Werken verlassenen Produktionsstätte - entsteht also eine überbetriebliche Ausbildung, die eine überdurchschnittliche Qualifizierung Jugendlicher in hochmoderner Elektronik und Telekommunikation betreibt (z. Zt. ca. 250 Ausbildungsplätze). Wichtig wäre es, dieses Qualifikationspotential nicht als Ausbildungsexport für bereits hochentwickelte Regionen bereitzuhalten, sondern es in Ostfriesland zu halten.

Also werden zur technologisch anspruchsvollen Ausbildung ein "Telearbeitszentrum" sowie "Gründerzentrum" ausgebaut, die als Kooperationspartner klein- und mittelständischer Betriebe fungieren. Zu diesem v. a. informationstechnologisch spezialisierten Kristallisationspunkt gesellt sich beispielsweise ein erfolgversprechender Innovationsansatz auf dem Low-Tech-Sektor, der Anlagenbau für Windenergie (z. B. die Firma Enercon in Aurich). Deren Aggregate werden u. a. im Windenergiepark der Stadtwerke Norden, einem kleinen kommunalen Eigenbetrieb mit Blockheizkraftwerk, in Nähe zum Herstellerbetrieb im Dauerbetrieb erprobt.

Ferner: das "Gemeinnützige Ausbildungs- und Telematikzentrum" wirft Gewinne ab. Diese fliessen auch in den Non-Profit-Sektor der Fort- und Weiterbildung der Kreisvolkshochschule zurück und fördern ein differenziertes kulturelles Ausbildungs- und Freizeitangebot, das dadurch nicht nur auf staatliche Zuschüsse angewiesen bleibt. Und sind nicht die im neuen Netzwerk innovativer Technologien und Dienstleistungen untergekommenen jungen Menschen Hoffnungsträger und Stabilisatoren der von Existenzkrisen bedrohten Familien? In diesen Familien tragen andere Mitglieder vielleicht zunehmend über Beschäftigung im saisonal sich ausweitenden Fremdenverkehr oder in dem durch die erfolgreiche Produktion des "VW-Passat" gesicherten Fortbestand des VW-Werks in Emden zum materiellen Überleben bei.

Bleiben wir noch bei der Stadt Norden: Mit der vorgesehenen Umnutzung eines ehemaligen Speicherhauses durch die Initiative "Alte Post" würde eine Verknüpfung zwischen "Sanftem Tourismus", hergebrachtem Handwerk und der Gastronomie versucht. Und gehen wir aus der Stadt ins Umland, wäre im nahen Marienhave die zu einer Galerie und einer Tagungsstätte umgebaute Mühle zu erwähnen. Und vielleicht läßt sich im Hinterland von Aurich und Norden die Zimmervermietung erweitern, weil außer dem Rad- und Wasserwegwandern beispielsweise das Moormuseum bei Aurich mit seiner regionalen Geschichtsdarstellung "von unten und zum Anfassen" so populär geworden ist, daß der Verein Gewinne erwirtschaftet und in Zukunft ein eigenständiges handwerkliches und kunstgewerbliches Freizeitkurs-Angebot entwickeln könnte? Doch wichtig ist, daß sich die Gemeinde Südbrookmerland, in deren Ortsteil Moordorf das Museum liegt, der Gefahr bewußt ist, die eine zu starke Vermarktung ihrer sozialkulturellen Besonderheiten im Fremdenverkehr mit sich bringen würde. So sind die Ausrichtung der "Südbrookmerländer Kulturtage" und die Gründung der Selbsthilfegemeinschaft "Dorfarbeitsgemeinschaft

Münkeboe" Initiativen, die v. a. von Einheimischen für Einheimische gedacht sind. Sie stellen damit ein "endogenes Gegengewicht" gegen eine lebensweltliche Überfremdung dar. Insgesamt aber könnten sich die kleinen Netzbausteine produktiver Arbeits- Kultur- und Verdienstgestaltung auf das Stagnationsbewußtsein anderer Ostfriesen auswirken, neues Selbstbewußtsein und Anstöße zur weiteren Selbsthilfe in Gang setzen, und, und ... und.

2. Fall: Utopie oder realistische Perspektiven zwischen Leer und dem Meer? - ein kühner Projektgedanke zwischen vielen "weichen" Standortentwicklungen

In der Gemeinde Ihlow (östlich von Emden) werden ABM-Kräfte in teilweise originellen Tätigkeiten beschäftigt, so bei der Implementation einer alternativen Energiegewinnung für die Versorgung einer Freizeithütte. Was in diesem Fall mehr wie ein "Freizeitspaß" aussieht, würde sich zu einer weitreichenden Perspektive entwickeln, wenn ein jüngst in die Diskussion gebrachter Projektgedanke in Zusammenarbeit mit der Fachhochschule Ostfriesland zu verwirklichen wäre: Der kluge Gedanke geht davon aus, die unterirdischen Kavernen Ostfrieslands - die in der staatlichen Planung bisher eher für Rest- und Endlagerungen von radioaktivem Sondermüll vorgesehen sein sollen - als riesige Reservoirs zur Speicherung von Wasserstoff zu nutzen und diesen unter Verwendung von Windenergie je nach Bedarf in Elektrizität umzuwandeln. Dieses geniale Meisterstück der Wind-Wasserstoff-Kombination zu Energieerzeugung würde, falls man es in Ostfriesland verwirklichen könnte, die Region zum Mekka technologischer Innovation auf diesem Sektor werden lassen.

Aber nicht erst dann würden die vielen Expertentouristen Wert auf ein attraktives sozialkulturelles Ambiente legen. Schon heute gibt es Ansätze für eine Belebung kultureller Potentiale des Raumes, die sich ebenso zu anspruchsvoller Alltagsgestaltung der Einheimischen wie der Freizeitbedürfnisse bewußt urlaubender Feriengäste im Sinne des "Sanften Tourismus" erweitern und vertiefen ließen:

So besteht in der Krummhörn seit 1982 die "Ländliche Akademie Krummhörn", die für Ostfriesen wie Fremde originelle Angebote der Erwachsenenbildung organisiert, beispielsweise ein "ländliches Musical" mit Laiendarstellern inszeniert hat. Neben dieser Einrichtung und einem geplanten "Agrarwissenschaftlichen Museum" ist v. a. die "Nordwestdeutsche Orgelakademie" hervorzuheben, die jährlich ein anerkanntes Programm älterer Orgelliteratur durchführt. Sie verdankt ihre Existenz den Wechselfällen ostfriesischer Landesgeschichte. Denn hätten sich einzelne Wurten im Mittelalter durch ihre damals exponierte Lage am Meer nicht zu kleinen Handelsorten (Wiekorten) aufschwingen können, die ihren relativen Wohlstand auch in den Bau eigener Kirchenorgeln hätten investieren können, und wären diese Orgeln nicht durch den nach den Meereseinbrüchen (v. a. vom 14.-16. Jahrhundert) einsetzenden wirtschaftlichen Niedergang (die Wurten gelangten in Binnenlage und schrumpften zu kleinen Agrargemeinden) vor Modernisierung oder Ersetzung durch neue Instrumente bewahrt worden, gäbe es heute nicht die einmalige Anhäufung dieses kostbaren "kulturellen Potentials".

Blicken wir von diesem spektakuläreren Ensemble kultureller Einrichtungen in der Krummhörn weiter in die Provinz, fallen andere sozialkulturelle Aktivitäten auf, die z. T. eine stärkere Einbindung in das Alltagsleben der Einheimischen aufweisen: die "Folkalternative Strakholt" in der Gemeinde Großefehn als ein Beispiel eigenständiger Entwicklung kultureller Kreativität neben zahlreichen anderen, die der Kulturarbeit von Heimat- und Bürgervereinen entspringen.

Die Stadt Leer ist selbst ein Beispiel solcher kultureller Vielfalt "von unten". Während die "Kunstmeile Leer" ihre Wirksamkeit unter der Förderung der von der Ostfriesischen Landschaft getragenen "Graphischen Werkstätten" entfaltet , leben andere Initiativen ohne größeren allgemeinen Bekanntheitsgrad. Einige sind Ausdruck der bis in die Gegenwart nicht überwundenen ökonomischen Krise und Notlage: so die aus dem Zusammenbruch der Jannsen-Werft und ihrer Weiterführungsversuche durch die Belegschaft entstandenen sozialkulturellen Aktivitäten, die v. a. durch das Engagement der Frauen der Werftarbeiter getragen wird. Auch gibt es alternative Musikgruppen wie die OPL ("Orientierungsplan Leer"), die den jungen Menschen zwar mit fetzigem Blues und Rock einheizen, aber vielleicht auch etwas bewußtseinsbildend wirken, sich nicht mit der Trostlosigkeit mangelnder Berufsperspektiven abzufinden.

So bildet sich auch in der "Provinz" eine Konstellation unterschiedlicher "kultureller Sprachspiele" heraus in der Bandbreite offiziell anerkannter heimatverbunden-nostalgischer bis kreativ-spontaner Kulturarbeit über die eher "hochkulturellen" Ausnahmen hin zu avantgardistisch-subkulturellen, in gesellschaftlicher Randlage existierenden Gruppierungen. Insgesamt ist aber das Ferment zu Herausbildung "kultureller Identität" vorhanden, daß einerseits die Lebensformen in ihren Bemühungen um bessere materielle Existenzperspektiven stabilisieren kann, daß andererseits für den Fremdenverkehr - v. a. im Hinterland - als "weicher Standortfaktor" entwicklungsfähig ist.

Die Ansätze des Fremdenverkehrs in diesem Teilraum bewegen sich zwischen zaghaften Versuchen eines "Sanften Tourismus" bis hin zu kruden Vermarktungen ostfriesischen Brauchtums und Implantationen gestylter Urlaubslandschaft. So steht für den "Garten im Moor", wie die Gemeinde Wiesmoor imagefördernd genannt wird, die Planung eines Freizeitparkprojektes "unter Glas" zur Realisierung an; einzelne Gemeinden (z. B. Tergast, Ditzum, Weener) legen größere Badeseen und Ferienhaussiedlungen an; zwischen den Gemeinden läuft der Ausbau eines Rad-Wasser-Wege-Wandernetzes an; verschiedene Heimat- und Bürgervereine öffnen sich mit regionalkundlichen Angeboten den Touristen, andere Vereine laden zur Teilnahme am Boßeln, Kegeln oder Angeln ein.

Erst die synergetischen Wirkungen zwischen den - auch im ersten Fall geschilderten - Formen der Erwerbs- und informellen Arbeit mit und ohne innovative Schubkraft moderner (Informations-)Technologien, mit tradierter Berufsausübung (z. B. Terrazzohandwerk oder Seil- und Korbflechterei) und mit den vielfältigen vom Freizeit- bis Erwerbscharakter reichenden sozialkulturellen Aktivitäten würden eine erfolgreiche Inwertsetzung endogener Potentiale ausmachen. Dies auch nur dann, wenn über nackte Existenzsicherung hinaus Arbeit und Leben der regionalen Bevölkerung in stärker selbstgestaltbaren Lebensformen möglich wäre. Denn zum "endogenen Potential" gehört auch die Weisheit der Ostfriesen, daß neben die Arbeit die "Nicht-Arbeit" zur Entfaltung von Lebenssinn gehört.

10. Sozialgeographen sind zu Forschungskonzepten eigenständiger Regionalentwicklung aufgefordert: eine Kurzinformation zur Oldenburger Regionalforschung über Ostfriesland

Fast zeitgleich wird eine ausführliche Darstellung des eigenen Forschungsansatzes vorliegen: R. DANIELZYK, R. KRÜGER (im Druck), nämlich "Ostfriesland: Regionalbewußtsein und - Lebensformen eine Spurensuche nach Gestaltungsperspektiven von Regionalentwicklung und Lebensalltag". Deshalb soll zum Abschluß dieser vornehmlich theoretisch ausgelegten Studie nur eine kurze Skizzierung des vorgesehenen mehrjährigen Forschungsprogramms erfolgen.

Unser Forschungsansatz setzt an beim Zusammenhang von Lebensformen und regionalen Bewußtseinsgehalten als den konstitutiven Bausteinen endogener Potentiale, die in der Regionalentwicklung Ostfrieslands eine entscheidende Rolle spielen.

Wir verstehen unter Lebensformen Gruppen von Individuen weitgehend gleicher bzw. ähnlicher Lebensführung. Sie werden durch sinnhaftes Handeln der Individuen in einem vorgegebenen gesellschaftlichen Rahmen, der sich selber durch soziales Handeln verändert, konstituiert. Lebensformen sind geeignete Untersuchungseinheiten, um Konstellationsmuster alltäglicher Lebenspraxis, d. h. spezifische Verbindungen von Denken, Fühlen und Handeln mit Formen der Berufs- und Haushaltsarbeit, der Schattenwirtschaft sowie kulturellen und politischen Aktivitäten aufzuspüren.

Indem Regionalbewußtsein auf die alltägliche Lebenspraxis der Bevölkerung in konkreten Lebensformen bezogen wird, können zwei wichtige Probleme bei der Erforschung von Regionalbewußtsein ausgeräumt werden:

- nur wenn der Bedeutungsgehalt von "Region", "regionalem Bewußtsein", "regionaler Identität" usw. in sozialen Lebensformen selbst genau untersucht wird, bleibt die Rede von "Regionalbewußtsein" nicht eine oberflächliche Beschreibung eines möglicherweise ganz unverbindlichen sprachlichen Phänomens (vgl. A. HAHN 1986, S. 107).

- einer einseitig räumlichen Verdinglichung von "Regionalbewußtsein" kann vorgebeugt werden, indem die Abhängigkeit der Bedeutungsgehalte von sozialen Kontexten dadurch betont wird, daß die Erscheinungsformen regionalen Bewußtseins auf spezifische soziale Lebensformen bezogen werden (vgl. zu dieser Thematik G. HARD 1987).

Die konkreten Untersuchungsziele und -felder lassen sich demnach in die folgenden Fragen kleiden:

a) Welche Spuren eines *Bewußtseins regionaler Besonderheiten* lassen sich in Ostfriesland konkret finden? (Mit regionalen Besonderheiten sind gemeint: vielfältige Aktivitäten der Kulturförderung durch die Ostfriesische Landschaft, z. B. die Schriftstellervereinigung als Form eines "regionalen Gedächtnisses"; Gruppen und Vereine, die spezifische friesische Sportarten betreiben; Artikel und Leserbriefdebatten zur "Mentalität der Ostfriesen").

b) In welchem Wechselverhältnis stehen regionalspezifische Gehalte des Alltagsbewußtseins und die konkrete Alltagspraxis sozialer Lebensformen unter Berücksichtigung ihrer Abhängigkeit von gesellschaftlichen Rahmenbedingungen?

Dieser Fragenkomplex wird nach verschiedenen Untersuchungsbereichen bearbeitet:

- *die ökonomischen und kulturellen Rahmenbedingungen* von Lebensformen (z. B. Beschäftigungsstruktur, Qualifikationsstand der Bevölkerung u. a.)

- *spezifische Lebensformen und das mit ihnen verbundene Alltagsbewußtsein (sozialgruppenspezifische Perspektive):* In diesem Teil der Untersuchung stehen also soziale Strukturen im Zentrum der Betrachtung. Als Beispiele unserer Ansicht nach wichtiger Lebensformen wären zu nennen: (1) traditionelle, wirtschaftlich eng mit dem Meer verbundene Existenzformen wie die Fischer in den Sielhafenorten mit ihrer teilweisen Verbindung zum Fremdenverkehr; (2) vorwiegend in der primären Produktion tätige Geest- bzw. Marschbevölkerung mit ihrer teilweisen Verbindung zum Fremdenverkehr; (3) auf dem Lande lebende, ursprünglich am Wohnort tätige Arbeiter, die nun in die großen Werke nach Emden (insbesondere VW-Werk) und Wilhelmshaven pendeln; (4) Fernpendlerfamilien, in denen der Mann nur am Wochenende aus Süddeutschland zurückkehrt; (5) Leben von und mit dem Fremdenverkehr, z. B. private Zimmervermieterinnen; (6) Zugewanderte: z. B. infolge von Altenwanderungen aus Berlin und dem Ruhrgebiet, aber auch durch den Infrastrukturausbau der siebziger Jahre in ländliche Bereiche gelangte Akademiker (z. B.: Lehrer); (7) Arbeitslose Jugendliche, die trotz Arbeitschancen in anderen Regionen in Ostfriesland leben wollen; (8) Inselbevölkerung.

- die *Vernetzung* spezifischer sozioökonomischer und sozial-kultureller Elemente *in lokalen oder regionalen Raumeinheiten (regionalintegrative Perspektive):* In diesem Forschungsfeld stehen nicht die Lebensformen im Mittelpunkt der Betrachtung, sondern das soziale Geschehen in seiner Fixierung an bestimmte Orte. Gefragt werden soll, was die Zusammenhänge und Motive sind, aus denen heraus bemerkenswerte soziakulturelle, politische und z. T. sogar arbeitsplatzschaffende Initiativen entstehen, die z. T. explizit an regionale

Traditionen und Eigenarten anknüpfen. Zur Verdeutlichung sei an das ausführlich geschilderte Beispiel der Stadt Norden erinnert, an dem sich die Vernetzung unterschiedlicher Entwicklungsimpulse zeigen ließ.

c) **Die Lebensformen und Regionalbewußtsein** *als Impulse einer endogenen Regionalentwicklung.*

Unter dieser abschließenden Fragestellung soll in einer Gesamteinschätzung, v. a. aber an exemplarischen Einzelfällen begründet werden, welche auf der Spurensuche nach Bewußtseinsgehalten und Lebensformen sowie ihrer lokal/regionalen Verankerung erschlossenen "endogenen Potentiale" sich für eine regionalpolitische Umsetzung eignen, aber auch als konkrete Gestaltungsveränderungen des Lebensalltags dienen können.

In der Umsetzung der sich verschränkenden Aspekte des Forschungskonzepts ist zu gewährleisten, daß bei der Analyse der Beziehung zwischen gesellschaftlicher Realität und Raumentwicklung die Wechselwirkung von Alltagshandeln und sozioökonomischen Lebensbedingungen im Vordergrund steht. Es müssen also theoretische und empirische Aspekte der Gesellschaftsstruktur mit Rekonstruktionen subjektiver Perspektiven in alltagsnahen Kommunikationssituationen verbunden werden. Mit der "Gegenstandsbezogenen Theorie" (von B.G. GLASER 1978, A. STRAUSS 1984) könnte ein Verfahrensprinzip vorliegen, um in einer sinnvollen Aufeinanderfolge induktiver und deduktiver Vorgehensweisen "in unbekannten sozialen Realitäten Verbindungen und Bezüge zu entdecken" (KÜBLER, S. 63). Die Gegenstandsbezogene Theorie" wäre also der methodische Bezugsrahmen, der einen ständigen Reflex der subjektiven Erfahrung und Verarbeitung von Lebensalltag in lokalen und regionalen Bezügen auf die gesellschaftlich-strukturellen Bedingungen einer Regionsentwicklung hin ermöglicht. Sie gestattet einen "soziologischen Entdeckungsgang" (D. KLEINING 1982), in dem die unterschiedlichen Methoden zusammengeführt werden, um so einen höheren Erkenntnisgewinn zu erzielen.

Als anwendungsfähige Methoden werden angesehen:

- sozialstatistische Verfahren zur Orientierung über sozioökonomische Rahmenbedingungen
- Aufarbeitung "Grauer Literatur"

- Zeitungsanalyse
- sonstige Inhaltsanalysen primärer und sekundärer Quellen
- unterschiedliche halbstandardisierte bis offene Interviewtechniken für Laien- und Expertenbefragungen
- Gruppengespräche und -diskussionsverfahren.

11. Schlußbemerkung

Die geschilderte Forschungskonzeption zu Ostfriesland ist eine Spurensuche nach "endogenen Entwicklungspotentialen". Ihre Ergebnisse mögen zumindest zur regionalen Aufklärung der Bevölkerung beitragen und eine "Bewußtseinsbildung zu mehr Selbstbewußtsein" anstoßen. Damit sind die tristen Lebensbedingungen nicht aus der Welt geschafft, doch sind Splitter einer realen Utopie in Gang gesetzt. Vielleicht braucht Ostfriesland viel ideelle Unruhe, um auch seine materielle Lage zu verbessern.

II.

Stadtentwicklung zwischen Sein und Schein - theoretische Überlegungen zur Funktion von Stadt-Images und ihrer Analyse

Die Unterscheidung der Begriffe "Image" und "Vorstellungsbild" beinhaltet die wichtigste Fragestellung der empirischen Untersuchung über "das Image der Stadt Oldenburg in den Vorstellungen der Bevölkerung von Stadt und Umland". Unter "Image" wird das Vorhandensein von Vorstellungen über die Stadt Oldenburg aus der Sicht und Interessenslage der Kommunalpolitik, Wirtschaftsförderung und - weniger offiziell - der lokalen Medien angesprochen. Insofern werden Images meistens als Attraktivitätsangebote nach außen wirksam. Demgegenüber geht es bei den "Vorstellungsbildern" um die kognitiven und affektiven Vorstellungen, die in der Bevölkerung in unterschiedlicher Weise vorhanden sind und die nicht in einem deckungsgleichen Verhältnis zu den Images stehen. Thematisiert wird mit dieser Begriffsdifferenzierung eine sozialräumliche Entwicklungstendenz, die in theoretischer Diskussion als "postmodernes" Phänomen behandelt wird: Es geht um Ausprägungen von Stadtentwicklung zwischen Sein und Schein. Gemeint sind damit unterschiedliche Lebensqualitäten in einzelnen Stadtteilen und für einzelne soziale Gruppen einerseits sowie Inszenierungen städtischen Lebens andererseits, die mehr sein wollen als die gesellschaftliche Wirklichkeit an Entfaltungsmöglichkeiten für alle Stadtbewohner bereit hält. Während der erste Aufsatz dieses Bandes die allgemeinen Theoreme "pluralistischer Raumentwicklungen" aufarbeitet, wird die postmoderne Verfassung solcher Raumsituationen in diesem Beitrag auf eine Problemstellung konzentriert: den Realitätsgehalt und die darüber hinaus reichenden Schein-Welten von städtischen Images.

Es gibt eine reichhaltige Literatur zur Thematik des Stadt-Images und auch einige Imageuntersuchungen über andere Städte. Dennoch fehlt bislang eine grundsätzliche theoretische Auseinandersetzung mit dem Phänomen, daß Begriff und Funktion des Images sowohl als Instrument gewollter politischer und/oder ökonomischer Interessen als auch als

Wahrnehmungtatbestand des Individuums bestehen. Erst im Wechselverhältnis beider Ebenen kann sich ein Verständnis für die Rolle der Vorstellungen über eine Stadt entwickeln.In der folgenden Darlegung sollen deshalb diese beiden Grundaspekte (interessengeleitetes Image und subjektives Vorstellungsbild) gesellschafts- und erkenntnistheoretisch behandelt werden. Aus dieser theoretischen Abklärung läßt sich dann einerseits eine bessere Einschätzung des Aussagegehaltes bereits vorliegender Imageuntersuchungen gewinnen, andererseits v. a. die eigene methodische Position und ihre Verfahrensdifferenzierung entfalten.

1. Das Stadt-Image als "weicher Standortfaktor": zum Begriffsinhalt und seiner Bedeutung für die Stadtentwicklung

Als akademische Begriffserklärung vorangeschickt, kann man sagen:

"Das Image ist ein aus dem angelsächsischen Sprachgebrauch als Lehnwort besonders in der Sozialpsychologie, der Markt- und Konsumpsychologie und -soziologie sowie im Marketing übernommener Fachterminus (etymologisch und lateinisch 'imago': Bild, Abbild, aber auch Scheinbild und Vorstellung, Einbildung), der die 'Gesamtheit der Vorstellungs- und Bewertungsinhalte, der Ideen und Gefühle, die eine Person oder eine Mehrzahl von Personen von sich selbst, von anderen Menschen, Gruppen, Organisationen, Schichten oder von bestimmten Gegenständen oder materiellen und sozialen Gegebenheiten hat' (HARTFIEL 1972), umschreibt" (P. LÜTKE-BORNEFELD, R. WITTENBERG 1980, S. 6).

Aus dieser umfassend klingenden Definition des Imagebegriffes sollen nur die Aspekte hervorgehoben werden, die erklären können, in welcher Weise der Terminus Stadt-Image mit der Entwicklungssituation der Städte zu tun hat und damit zur Beschreibung der Zielsetzung der vorliegenden Untersuchung dienlich ist.

Hineinspringen sollte man damit sogleich in die sozioökonomische Schieflage, die in verschiedenen Untersuchungen in der jüngsten Zeit unter dem Topos "prosperierende und schrumpfende Städte" innerhalb eines diagnostizierten "Süd-Nord-Gefälles in der Bundesrepublik" thematisiert wird. (Stellvertretend für die Literatur dazu: J. FRIEDRICHS, H. HÄUßERMANN, W. SIEBEL 1986 u. H. HÄUßERMANN, W. SIEBEL 1987, S. 119 - 127, 203 - 215, vgl. auch den ersten Beitrag dieses Bandes, Kap. 1 u. 3). Kurzgefaßt geht es um eine schärfer sich abzeichnende sozioökonomische Disparität zwischen einzelnen Regionen oder zwischen

Großstädten, aber auch innerhalb der Städte und Regionen, ein Phänomen, das v. a. ein immer weiteres Zurückbleiben der Arbeits- und Lebensbedingungen des Nordens der Bundesrepublik Deutschland gegenüber dem Süden zur Folge hat. (Zu den v. a. wirtschaftlichen und sozialen Implikationen, die bei der gegenwärtigen räumlichen Disparitätenentwicklung unter der Thematik eines Übergangs zur postfordistischen Phase des Kapitalismus in verschiedenen Industrieländern eine Rolle spielen vgl. - außer der bereits genannten Literatur - v. a. M. CASTELLS 1986, S. 37 - 60, D. HARVEY 1987).

Angesichts dieser Tendenzen zu großräumigen Verschiebungen (Süd-Nord-Gefälle) und räumlichen Differenzierungen innerhalb von Städten und Regionen (vgl. exemplarisch die Untersuchung K. BRAKEs 1988a u. b über New York als "zweigeteilte Stadt") gibt es unterschiedliche Strategien politischer Steuerung. Meistens ist jedoch die offizielle Kommunalpolitik - immer noch - auf weitere Wachstumsorientierung abgestellt und führt somit notgedrungen zu einem immer härteren Wettbewerb der Städte untereinander, um in der Attraktivität um Industrieansiedlungen und qualifiziert-mobile Bevölkerungsschichten im Vorteil zu sein.

Einerseits bemüht man sich um Förderung von Technologie- und Gründerzentren, um eine immer liberalere, mit Subventionen lockende Gewerbepolitik und um die gezielte Erweiterung gehobener zentraler Dienstleistungen. Da aber viele Kommunen von sinkender Finanzkraft geplagt werden, somit auf einen weiteren Ausbau ihrer Infrastrukturen verzichten müssen und im Konkurrenzdruck zu anderen Städten immer weiter zurückfallen, scheint andererseits die Entdeckung der "weichen Standortfaktoren" gleichsam das Zaubermittel zu sein, auch mit wenig oder ohne Geld die eigene Stadt in einem glänzenden Licht scheinen zu lassen:

> "Die 'weichen Standortfaktoren' haben in diesem Konzept an Gewicht gewonnen - 'weich' heißt, daß diese Faktoren nicht so knallhart von den Betrieben kalkuliert werden wie z. B. Lohnkosten, Transportkosten, Bodenpreise usw.. Sie können nicht mit einem Investitionsplan hergestellt werden und wirken auch eher aufs Gemüt. Die unverbrauchte Landschaft gehört dazu, das Wetter und das städtische Ambiente. Das alles werde vom High-Tech-Flügel der Lohnarbeiterschaft so sehr geschätzt, daß es als Standortfaktor für moderne Industrien gilt. Machbar davon sind die Ästhetisierung des Stadtbildes und die Inszenierung von 'Kultur'" (H. HÄUßERMANN; W. SIEBEL 1987, S. 124).

Wo es um die Vermarktung dieser "weichen Standortfaktoren" geht, da ist die spezielle Aufgabe der Stadt-Werbung gefragt: Und die bedient sich der Bildung und Verbreitung von "Stadt-Images".

1.1. Das Konzept der Imageproduktion für die Stadt

Die bisherigen Ausführungen sollten auf den Stellenwert der Images für die gegenwärtige Stadtpolitik aufmerksam machen. K. GANSER (1970, S. 104 f) - Sozialgeograph und Regionalplaner/-politiker zugleich - dürfte diese Instrumentalisierung des Images als erster in seinem Aufsatz "Image als entwicklungsbestimmendes Steuerungsinstrument" auf den Punkt gebracht haben:

"Der Charakter des Images bietet Möglichkeiten zur bewußten Steuerung. Die Steuerungsmöglichkeiten reichen von der Veränderung der Realsituation über die besondere Pflege imagegestaltender Situationen bis zum bewußten Eingriff in den Symbolisierungsprozeß durch Urban Design und durch gezielte Informationspolitik."

Mit dem der Werbepsychologie entliehenen Begriff Image werde dabei das "klischeeartige Vorstellungsbild" umschrieben, das sich aus einer "Vielheit unterschiedlichster Informationen in einem nicht mehr nachvollziehbaren Prozeß" zusammenfügt.

Jüngste Literatur zu diesem Sachverhalt belegt, daß gegenwärtig geradezu ein Boom an Imagekampagnen das Land überschwemmt, wobei es immer darum geht, eine Stadt oder Region attraktiver scheinen zu lassen als sie ist, um dadurch ein anziehendes Potential nach außen darzustellen, aber auch zur psychischen Aufrichtung der von wirtschaftlicher und sozialer Mangellage betroffenen Bevölkerung nach innen beizutragen. Die Professionalisierung der Imageproduktion kann exemplarisch an zwei Beiträgen in einem der jüngsten Hefte der "Stadtbauwelt" aufgewiesen werden: C. BÖLTZ (1988, S. 996f). "City-Marketing. Eine Stadt wird verkauft" u. I. KOSSAK (1988, S. 998 f): "Der Planer als Urban Manager". In der ersten Kurzdarstellung wird am Beispiel des Ruhrgebietes gezeigt, wie ein "neues Image" - nämlich: "Das Ruhrgebiet wäscht weißer" - konzipiert und als Kampagne in die Öffentlichkeit getragen wird. Die Begründung für die Ausrichtung dieser Werbeoffensive geht von der Überlegung aus, "ein Produkt-System" einer Stadt oder Region unter dem "Oberbegriff 'Lebensqualität'" zu verkaufen. Dieser läßt sich "in der Summe" aus einer positiven Besetzung der Komponenten "Wirtschaft, Kultur, Umwelt und Freizeit sowie Wissenschaft und Bildung" entwickeln. Dieses "Produkt-Großsystem" soll sowohl einen Personenkreis außerhalb der Stadt als auch innerhalb derselben die eigene Wohnbevölkerung ansprechen, wobei in beiden Fällen vorrangig auf "meinungsbildende Personen" - d. h. auf hoch- und höherqualifizierte, dynamische Bevölkerungsgruppen - gezielt wird. Endziel der Imagewerbung ist es, die Motivation entstehen zu lassen, die Stadt oder Region

"...als imageträchtigen Firmensitz, als Standort zukunftsorientierter Wirtschaftszweige und als angenehmen Ort zum Wohnen und Arbeiten anzusehen. ... innerhalb des Gebietes ..., muß eine Identifikation mit dem Ort geschaffen werden. Das Selbstbewußtsein, sich zu seinem Lebensraum zu bekennen und für diesen einzutreten, muß nachhaltig unterstützt werden. Insgesamt muß sich eine positive Einschätzung hinsichtlich des Wohn- und Freizeitwertes einstellen, um die Zuzugsbereitschaft zu stärken und um beim qualifizierten Nachwuchs das Interesse an der Region zu stärken." (S. 996).

In der zweiten Stellungnahme wird betont, daß zukünftige Stadtentwicklung "kaum mehr eine quantitative Dimension haben kann, sondern allein an qualitativen Kriterien" zu messen sei, denn inzwischen gäbe es ein "verändertes Bewußtsein gegenüber der natürlichen und bebauten Umwelt bei fast allen Schichten der Bevölkerung" (S. 998). In den weiteren Ausführungen wird anschaulich am Beispiel Hamburgs -"Das Hoch im Norden. Wir erfahren hier oben alles zuerst" - die Bedeutung der sogenannten weichen Standortfaktoren für die Planung und Politik der zukünftigen Stadtentwicklung dargestellt: Eine "planerische innovative Leistung" ist nicht mehr für die Erstellung eines "Planes" gefordert, sondern für den Umgang mit einzelnen Imagekomponenten, d. h. für die erfolgreiche Vermarktung attraktiver Merkmale urbaner Lebensqualität. So ist für Hamburg die Rede von Elementen, die Identifikationen befördern, die der Stadt "Persönlichkeit, Ausstrahlung, Eigenart vor Anderen geben" sollen (z. B. Stadt am Wasser, grüne Stadt, Kulturstadt). Ferner werden "Nutzungs- und Gestaltungschancen" hervorgehoben, die Anziehungskraft auf bestimmte Investoren ausüben können (z. B. City als Erlebnisraum, Bauen am Wasser, Wohnen im Milieu). Zum Schluß des Aufsatzes wird noch einmal - paradigmatisch für viele Beispiele - die notwendig erscheinende Vermarktung weicher Standortfaktoren über Imageproduktion begründet:

Es handelt sich um die

> "Erkenntnis, daß das Wesen einer Stadt, ihr Stadtbild, geprägt ist vom sozialen und kulturellen Klima, daß die Architektur der Stadt Ausdruck und Garant für ihr wirtschaftliches Überleben, für Aufstieg und Niedergang sein könnte, es in der Regel sogar ist" (S. 999).

Es dürfte auf der Hand liegen, daß die direkte Übertragung der auf Großstädte und städtische Agglomerationen gemünzten Imagekonzepte auf die Stadt Oldenburg eine Nummer zu groß ausfallen würde. Dies, zumal Oldenburg aus tatsächlicher Notlage seiner Finanzen oder eines geringeren Bewußtseins seiner Kommunalpolitiker und der Stadtverwaltung um den Stellenwert sozialkultureller (weicher) Standortfaktoren, bisher nur geringe Anstalten zeigt, offensive Stadtwerbung zu betreiben oder dem kulturellen Infrastrukturbereich eine ähnliche Beachtung zu schenken, wie es vergleichbare Städte tun.

Trotz dieser Defizite an Professionalisierung bezüglich innovativer Ansätze der Stadtentwicklung und Kulturpolitik, speziell auf dem Feld der Imageproduktion, gilt grundsätzlich auch für Oldenburg die Ausgangslage, daß das (offizielle) Image ebenso einen Erlebnisraum attraktiver Urbanität suggerieren will, der nicht in allen Teilen mit den Alltagserfahrungen der Stadt- und Umlandbewohner übereinstimmen muß. (Zur Imagevermarktung für Stadt und Umland vgl. C. BÖLTZ 1988, S. 996, der an Stelle des "city marketing" auch von "Area-Marketing" spricht.)

1.2. Kritik an der "Inszenierung städtischer Scheinwelt"

Im vorangegangenen Abschnitt wurde die Imageproduktion in ihrer Instrumentalisierung für eine zukunftsgerichtete Stadtentwicklung und Kommunalpolitik beschrieben. Doch es fehlt nicht an Kritik an solchen Vermarktungsoffensiven der weichen Standortfaktoren:

> "Dagegen erhebt diese Schrift (Verf.: W. DURTH 1988, S. 227) nach wie vor Einspruch: denn nicht die lustvoll-spielerische Selbstinszenierung einer Gesellschaft steht auf der Tagesordnung der Planung, sondern noch immer die Verkleidung sozialer Wirklichkeit, deren Brüche und Widersprüche mit wachsendem Aufwand zugedeckt wird."

DURTH entwickelt seine Kritik an der "Metapher von der Stadt als Bühne" und meint damit eine immer hektischere publikumswirksame

Verkleidung der Stadt: mit den nostalgisch gewendeten und Pseudo-Gemütlichkeit bezweckenden "Rekonstruktionsversuchen baulicher, räumlicher und sozialkultureller Erscheinungsformen" der bürgerlichen Stadt, mit der Einrichtung zentraler Plätze als "Gute Stube" der Stadt, mit dem Herausputzen von Boulevards und Passagen über einen zweckmäßigästhetischen Gebrauchscharakter hinaus. Architektur wird so zum "gebauten Plakat: auf Bildwirkung und Hochglanzcolor kalkuliert, Vorlage für unzählige Poster im Kopf" (S. 241).

Im Hinblick auf den Stellenwert der Imagebildung trägt diese damit zur "Ent-Wirklichung" bei, zu einem

> "übergreifenden Prozeß der Atomisierung gesellschaftlicher Wirklichkeit im Bewußtsein der Individuen: aufgelöst in eine diffuse Welt von Zeichen und Symbolen, die nahezu beliebig mit individuell wechselnden Assoziationen und emotionalen Valenzen belegt werden können, ohne daß die Realität, auf die die Zeichen verweisen, noch überprüfbar wäre" (W. DURTH 1988, S. 241).

Es ist unschwer aufzudecken, daß sich diese Inszenierungen urbanen Lebens und ihre bewußte Vermarktung über Images als Erscheinungsformen postmoderner Stadtentwicklung unter einer interessengeleiteten Bestandssicherung und Verfeinerung der kapitalistischen Produktionsverhältnisse erweisen (vgl. auch die Ausführungen unter Kap. 2.4.).

Dieser Zusammenhang wird von P. BOURDIEU (1976, S. 181, 191 - 197) sehr treffend mit dem Begriff des "Symbolischen Kapitals" skizziert: Die widersprüchlichen und für die unteren Sozialschichten zur Existenzfrage sich zuspitzenden Lebensbedingungen v. a. in den Großstädten - man denke an die Wiederentstehung der "Neuen Armut" - werden durch den schönen Schein der attraktiven Stadtgestaltung überblendet. Über den Umgang mit "Symbolischem Kapital" soll den vermeintlichen Versagern der Gesellschaft wenigstens auf der Ebene einprägsamer Bilder der Erfolg der Erfolgreichen vorgespielt werden, soll der fade Beigeschmack genommen werden, den die ökonomische Liberalisierungswende als raffinierte Form der Kapitalverwertung verbreitet. "Symbolisches Kapital" ist also einerseits Ausdruck der Verschleierung von Geldakkumulation über kulturelles Ornament. Andererseits wird aber anspruchsvolle kulturelle Infrastruktur zum Standortmagnet für die Ansiedlung sogenannter Zukunftsbranchen entwickelt. Sie dient als Instrument der Distinktion gegen geistigen und materiellen Durchschnittsbedarf der sechziger und frühen siebziger Jahre. "Symbolisches Kapital" hat so gesehen auch die Wirkung, den privilegierten sozialen Gruppen als Anregung und materielle Basis zur Entfaltung kreativer Dynamik zur Verfügung zu stehen.

1.3. "Postmoderne Spielräume" in den Mehrfachcodierungen der Stadtgestaltung und Imageproduktion

Indes sollte man auch aus gesellschaftskritischer Sicht vorsichtig mit einer nur eindimensionalen marxistischen Negativfixierung der ökonomischen Verwertungsprozesse im Rahmen der Stadtentwicklung sein (vgl. auch die Ausführungen in Kap. 2.5.) Zwar schafft die Überfülle an symbolhaften Informationen der Stadtgestalt und -kultur gegenüber den Gebrauchswertbedürfnissen der Individuen Entfremdung. Eine kulturelle und formenhafte Überfütterung der städtischen Wahrnehmungsangebote wird häufig hervorgerufen durch inkongruente und mehrdeutige stilistische Differenzierungen der gebauten Umwelt. In der Architekturtheorie werden solche pluralistischen Stilkombinationen und ihre Wahrnehmungsfolgen als "Mehrfachcodierung" bezeichnet. Polemisch gesehen, bewirke Mehrfachcodierung einen Verlust der Eindeutigkeit zu Gunsten der Fiktionen.

Doch umgekehrt wird dieser Entwicklungszug der Postmoderne auch positiv gewendet. Wenn K. FRAMPTON (1985) und Chr. JENCKS (1980) von Doppel- oder Mehrfachcodierung im Hinblick auf Stadtarchitektur sprechen, so soll die Akzeptanz eines Pluralismus stilistischer Elemente verstanden werden: eine Verknüpfung der modernen (Zweckmäßigkeits-) Architektur mit über sie hinausweisenden Impulsen, die sich sowohl als Rückbesinnung auf traditionelle Bauweisen als auch als radikalisierte Modernität von Stilmerkmalen äußern kann. Diese Heterogenität des Formenhaften, zusammengeführt in Objekten und Ensembles, soll gleichzeitig das Angebot demokratischer Kommunikation ausdrücken. Denn über Identifikationsmöglichkeiten mit dem pluralistischen Stilmuster soll sich der Funke entzünden, der zu Kontakten zwischen der Minderheit der Architekten und der breiten Öffentlichkeit führt.

An dieser Stelle würde es zu weit führen, diese hoffnungsgetragene Perspektive, wie sie am Aspekt der Stadtarchitektur angerissen wurde, weiter zu diskutieren. Sie ließe sich auch nur vor dem Hintergrund einer neuen philosophischen Tendenz der Postmoderne entfalten (vgl. J. HABERMAS 1988, J. LYOTARD 1986, W. WELSCH 1987a) und danach konkreter auf eine Auslotung der Chancen für eine "Neue Urbanität" wenden (vgl. die diesbezüglichen Hinweise in Kap. 2.5. und den ersten Aufsatz dieser Veröffentlichung; Kap. 5c).

So bleibt es - im Hinblick auf die Vorstellungen, die sich prospektiv mit zukünftiger Stadtentwicklung verbinden lassen - bei der offenen Frage: Lassen sich die Versatzstücke unterschiedlicher materieller Lebensbedingungen, Lebensstile, Alltagskulturen und baulicher Gestaltungen nicht nur als Ausfluß ungleicher Privilegierung verstehen, sondern auch zu Chancen einer gerechteren Gesellschaftsentwicklung in der Koexistenz pluraler Lebensmuster umformen ? Bleibt eine solche Akzeptanz von "Einheit der Vernunft in der Vielheit ihrer Stimmen" (J. HABERMAS 1988, S. 1ff) eine Utopie, oder wird es die Öffnung von Stadtkultur und Alltagsleben hin zur "spielerischen Selbstinszenierung einer von technokratischer Bevormundung befreiten Gesellschaft" (W. DURTH 1988, S. 242) geben ?

Als Fazit aus der theoretischen Diskussion der Entstehung und Funktion städtischer Images aus unterschiedlicher Interessenbestimmtheit ergibt sich die Aufforderung an die eigene Untersuchung, sich sensibel mit dem Wechselverhältnis von offizellem Oldenburger Stadt-Image und den von der Bevölkerung getragenen Vorstellungsbildern zu beschäftigen.

2. Das Individuum und seine Stadtwahrnehmung: Subjektives Erleben als Wirklichkeitsverzerrung oder selbstbestimmte Aneignung städtischer Lebenswelt

In den vorangegangenen Ausführungen wurde mit der begrifflichen Zuspitzung des "Images" auf absichtlich produzierte Vorstellungsgehalte über die Stadt eine Wahrnehmungsorientierung skizziert, die städtisches Leben und Stadtentwicklung "von oben" betrachtet. Gemeint ist, daß bei dieser interessengeleiteten Politiker-, Planer-, Experten- oder Literatensicht die Perspektive der Bürger als Benutzer der Stadt weitgehend oder ganz unberücksichtigt bleibt.

Erklärlich ist diese Vernachlässigung der subjektiven Umweltwahrnehmung städtischer Bevölkerung dann, wenn es der Stadtgestaltung darum geht, das "Funktionieren" des städtischen Organismus zur Reproduktion gesellschaftlicher Leistungsfähigkeit nach wohlgegliederten Teilbereichen im Blick zu haben: Arbeiten, Wohnen, Verkehr, Erholung u. a..

Parallel zur fordistischen Entwicklungsphase des Kapitalismus (nach J. HIRSCH und R.ROTH 1986), in der das tayloristische Arbeitsprinzip auch Anlaß der Separierung des menschlichen Lebens in einzelne Aktivitätsbereiche war, hat sich im Städtebau die Idee der Stadtgestaltung als die eines Organismus mit klarer interner räumlich-funktionaler Gliederung durchgesetzt. In diesem Organismus "funktionieren" Menschen, indem sie städtischen Lebensraum nach separierten Aktionsbereichen nutzen, in einem Organisationszusammenhang von Arbeiten, Wohnen, Verkehr, Erholung usw..

Interessant ist, daß nicht nur Raumplaner (D. PARTZSCH 1964), sondern auch die Geographie in ihrer Weiterentwicklung zur Sozialgeographie (der "Münchner Schule") diesen Wirkungsverbund raumgebundener und -wirksamer Funktionsbereiche zum affirmativen Erkenntniskonzept der Mensch-Raum-Beziehungen erhoben hat (K. RUPPERT, F. SCHAFFER 1969, S. 3 - 10). Sie sprechen von "Daseinsgrundfunktionen" mit jeweils nutzungsspezifischen Raumansprüchen.

Jetzt vollzieht sich ein Perspektivwechsel von der jahrzehntelangen Überbetonung des funktional-räumlichen Charakters städtischer Strukturen aufgrund der produktionsorientierten Einordnung der Menschen in eine funktionierende Wachstumsgesellschaft hin zur Wahrnehmung der Stadt als subjektiver Erlebnisraum.Es geht dabei um das Interesse an städtischen Vorstellungsbildern, denen eine verhaltensorientierende und -sichernde Rolle im täglichen Handlungsablauf der Menschen zuerkannt wird. W. DURTH (1988, S. 177f) beschreibt diesen Erkenntniswandel sehr zutreffend:

> "War in früheren Konzeptionen über die gleichsam totale Vergesellschaftung der Individuen und die entsprechende Ausbildung ihrer Identität - in der die Struktur des gesellschaftlichen Funktionszusammenhangs ihre subjektive Entsprechung findet - ein allen Individuen gemeinsames Repertoire an Interpretationsmustern gegeben, so wird inzwischen der gesellschaftliche Zusammenhang als tendenziell undurchschaubar angesehen. Jedes Individuum kann nur auf ein eng gruppenspezifisch begrenztes Reservoir an Erfahrungen und Deutungsmöglichkeiten zurückgreifen, deren intersubjektive Gültigkeit vor allem durch die gemeinsame Sprache gesichert ist: Die umgangssprachlich vermittelte Welt-Anschauung gibt lebenspraktisch bewährte Identifikation, Klassifikation und Interpretation von Umweltgegebenheiten vor. ... Auf der individuellen 'Suche nach Identität' ist daher in der unüberblickbaren Vielzahl von unterschiedlichen Wertsystemen, Lebensformen und Situationsgefügen jedes Indiz von Wichtigkeit, das die Identifizierung von Erlebnis- und Handlungsfeldern erlaubt. Dabei bilden die

durch umgangssprachlich vermittelte Alltagserfahrungen geprägten visuellen Codes und kognitiven Kompetenzen den Filter, durch den auch die Vorstellungsbilder und Eindrücke von städtischen Umwelten subjektiv verarbeitet, entsprechende Images geprägt und Situationen definiert werden."

Es würde den Rahmen der auf die theoretische Begründung städtischer Vorstellungsbilder abzielenden Erörterungen sprengen, auf die Ursachen des jüngsten gesellschaftlichen Wandels (zum Postfordismus, zur postindustriellen- oder postmodernen Gesellschaft) und die daraus resultierende Umorientierung von Stadtgestaltung, -politik und -wahrnehmung einzugehen. (Die im Abschnitt über das "Stadt-Image" - Kap. 1. - gemachten Ausführungen beleuchten Aspekte dieses gesellschaftlichen Wandels. Auch sei darauf verwiesen, daß der dieser Untersuchung zugrunde liegende gesellschaftstheoretische Hintergrund ausführlich im ersten Aufsatz behandelt worden ist; Kap. 1-7)

Will man die Genese von Vorstellungsbildern aus den Prozessen subjektiven Umwelterlebens erklären, bieten sich - im Fortschreiten wissenschaftlicher Theoriebildung im sozialpsychologischen und handlungsorientierten Erkenntnisbereich - unterschiedliche Denkfiguren an: Sie bewegen sich von der Thematisierung objektiver Gestaltqualitäten hin zu Deutungen, die sich auf die lebensgeschichtlich geprägten Einstellungen und Wertsysteme in der Umweltwahrnehmung stützen.

2.1. Vorstellungsbilder in normativ verstandenen Wahrnehmungsprozessen objektivierbarer Umweltbeziehungen

Auf dieser Seite der Erklärungsansätze gilt die objektive Realität der Stadtgestalt als die Vorlage, aus der sich in subjektiver Erfahrung wiederum objektiv erklärbare Erlebnisqualitäten einstellen. Letztlich sind alle hierunter fallenden Theorie- und Stadtplanungskonzepte noch dem normativen Wissenschaftsparadigma verpflichtet, d. h. einem Ansatz, der auch soziale und psychische Phänomene - analog zur naturwissenschaftlichen Erkenntnishaltung - in verallgemeinernden Gesetzen, Modellen und Regelhaftigkeiten erklären will.

2.1.1. Gestaltinduzierte Vorstellungen

Hierbei geht es um Vorstellungsresultate der Stadtwahrnehmung, die aus einer Beziehung zwischen den materiell-formenhaften Elementen der Stadtgestalt und ihrer Erlebniswirksamkeit für das Individuum erklärt werden. Die baulichen Formen einer Stadt besitzen als inhärente Eigenschaften Informationen, die vom Individuum selektiv aufgenommen werden (vgl. dazu die Erläuterungen zum informationstheoretischen Ansatz bei H. BECKER, D.KEIM 1978, S. 37f.)

Die selektive Funktionsweise der Informationsaufnahme wird genauer nachvollziehbar über den gestaltpsychologischen Erklärungsansatz. Im Hinblick auf die Wahrnehmung städtischer Umwelt formuliert D. HÖLLHUBER (1976, S. 12), daß "die Objekte der Umwelt unterschiedliche Bedeutungen haben, je nachdem, ob wir sie als Ganzheiten oder individuelle Teile sehen." Denn Vorstellungen sind

"nicht nur eine Summe von Teilinformationen über die Umwelt ..., sondern darüber hinaus gehende Bilder, gestalthafte Eindrücke ..., die mehr beinhalten als die Summe ihrer Teileelemente."

Bei K.-J. KRAUSE (1974) findet man sehr illustrativ dargestellt, wie nach dem beschriebenen gestalttheoretischen Axiom - das Ganze ist mehr als die Summe seiner Teile - in Stadtbild-Untersuchungen dieser Erkenntnissatz für die Stadtgestaltungsplanung fruchtbar werden soll. Er führt aus (S. 33), daß von der Stadtgestalt

"...nur dann gesprochen werden kann, wenn Gestalt bzw. Zustandsattribute auffindbar sind, die nur der Ganzheit, also der Gesamtheit einer städtischen Reizkonstellation zukommen. ... Erst die Relation von Elementen untereinander zu einem neuen Wirkungssystem nennt man Gestalt."

Es sind durchaus komplizierte Analyseverfahren, mit denen die Wahrnehmungen der Menschen auf die bauliche Umwelt empirisch greifbar werden. Sie werden in der Studie von KRAUSE in ihrer Anwendung auf unterschiedliche Maßstabsebenen ausführlich dargestellt: "Site Analysis", bei der es um Wahrnehmungen großräumiger Verschränkungen von Stadt und Landschaft geht (S. 14ff); "Raum-Gestalt-Analyse", die sich der gestalthaften Wirksamkeit der stadträumlichen Gliederung widmet (S. 15f); "Townscape-Analysis" als Untersuchung städtebaulicher Einzelsituationen und ihrer Wahrnehmungswirkung (S. 16 -20); "Stadtbild-Analyse" als Voraussetzung gestalterischer Entwürfe bei der Bebauungsplanung (S. 20f) und schließlich "Sequenz-Analysen" mit Schwerpunkt auf der bewegungsqualitativen Wahrnehmung und dementsprechend anregenden Gestaltung von Wegen, Netzen und Knoten (S. 20f).

Während der beschriebene Ansatz, der bei der Erklärung der Entstehung städtischer Vorstellungsbilder auf einer im engeren Sinn gestalttheoretischen Position beruht, mehr als interessanter Versuch zur Praxis der Stadtplanung zu werten ist, hat die als Pionierarbeit geltende Studie K. LYNCH (1960): "The Image of the City" allgemeinere Beachtung gefunden. Bei ihm fußt die Wahrnehmung der Stadtgestalt ebenfalls auf der Wirkung formbetonter baulicher Elemente - Brennpunkte, Ränder, Linien, Knoten und Grenzen -, die nach Kriterien der Ablesbarkeit und Einprägsamkeit valuiert werden. Umgekehrt aber ist er der erste, der bei der Rezeption der Stadtgestalt nach unterschiedlichen Vorstellungsbildern den sozial zu differenzierenden Subjekten und Gruppen Beachtung schenkt. Das Konzept seiner Stadtgestalt-Analyse leitet damit zu einem nächsten Erklärungsansatz für städtische Vorstellungsbilder über, der im folgenden Teilkapitel behandelt wird.

Gerade für das Untersuchungskonzept der eigenen Arbeit wird man gegenüber den aus der Stadtgestalt abgeleiteten Impulsen der Stadtwahrnehmung skeptisch eingestellt sein. Denn eigentlich wird den städtebaulich-formhaften Elementen eine fast ursächliche Qualität ihres Einflusses auf Einstellungen und Beziehungen der Menschen zum städtischen Lebensraum zugestanden. G. HARD (1984, S. 131) spricht von der Fragwürdigkeit solcher Erkenntnisse, die man aus einem derartigen "rohen Stadtbau- und Architektur-Determinismus" gewinnt. Eine solch einseitige Interpretation von Mensch-Umwelt-Beziehungen sieht er beispielsweise dann gegeben, wenn in Stadtgestalt-Untersuchungen vergröbernd versucht wird, niedrigeren Sozialschichten eine nur versimplizierende und schematisierende Wahrnehmungsfähigkeit von baulicher und ästhetischer Umweltqualität zu unterstellen, eine Wahrnehmungs-Aufmerksamkeit, die in fast ausschließlicher Abhängigkeit zur Überschaubarkeit und leichten Lesbarkeit städtischer Formelemente gerückt wird (S. 125, 131).

Trotz der Relativierung des Wahrnehmungseinflusses der Stadtgestalt bleibt unbestritten, daß prägnante bauliche Einzelelemente und Ensembles eine wichtige Orientierungsfunktion im täglichen Leben in der Stadt besitzen. Insofern kann physisch-gestalthafte Auffälligkeit neben den aus sozialem Handlungskontext erwachsenen Symbolgehalten der bebauten Umwelt eine Quelle zum Aufbau von Raumkenntnis und Orientierungsfähigkeit sein (G. HARD 1984, S. 116, 119-121 u. G.T. MOORE 1979, S. 33f, der sich über solche Einflußfaktoren ausläßt, die das menschliche "Kenntnisfeld" der Stadt bestimmen).

2.1.2. Vorstellungen in Prozessen sozial differenzierter Umweltwahrnehmung und Verhaltensweisen

Der nun folgende Sachverhalt soll unter mehreren Aspekten ausgeführt werden.

2.1.2.1. Subjektive Landkarten (mental mapping)

In den hierunter fallenden Untersuchungen wird das Bemühen LYNCHs verfeinert, subjektive Stadt-Vorstellungen als differenzierte Erlebnisprofile bestimmter homogener Sozialgruppen zu eruieren und bei einem Teil der Ansätze die im Bewußtsein ausgeprägten Vorstellungsinhalte quasi-räumlich als "subjektive Landkarten" zu entschlüsseln und als sogenannte "Mental Maps" zeichnerisch wiederzugeben. Solche Mental-Map-Zeichnungen stellen also inhaltliche Verzerrungen und Pointierungen der baulichen Strukturen dar, aus denen man subjektive Präferenzen oder Orientierungsmuster erschließen will. Häufig werden diese Bedeutungszuweisungen an städtisch-formenhafte Realität typisierend auf unterschiedliche Alters-, schichtspezifische und ethnische Sozialstrukturen bezogen und mit Befunden verknüpft, die einerseits die Abhängigkeit zu Alltagsnutzungen, anderseits zur sinnlich-anschaulichen Wahrnehmungsfähigkeit von Menschen im Verhältnis zu ihrem Bildungsniveau setzen. Zusammenfassende Darstellungen dieses Forschungsansatzes finden sich bei R.M. DOWNS, D. STEA 1982: Kognitive Karten: Die Welt in unseren Köpfen; R.M. HAYNES 1981: Geographical Images and Mental Maps; D. POCOCK, R. HUDSON 1978: Images of the Urban Environment S. 18 - 47, S. 87 - 109 und S. TZSCHASCHEL 1986: Geographische Forschung auf der Individualebene, S. 36 - 44).

2.1.2.2. Die Verhaltensrelevanz bei Vorstellungsbildern

Die Erklärung der Stadtwahrnehmungsprozesse über den mental-map-Ansatz verweist auf einen wichtigen Aspekt, der für die Genese von Vorstellungsbildern zu thematisieren ist, nämlich die "Verhaltenswirksamkeit des Mentalraumes" (S. TZSCHASCHEL 1986, S. 43). R. GEIPEL (1979,

S. 9) drückt es so aus - und bezeichnet damit bündig einen Erkenntnis(fort)schritt der deutschen Sozialgeographie von der funktionalen zur verhaltenswissenschaftlichen Orientierung:

"Verhalten kann niemals aus einer bestimmten Struktur des Raumes unmittelbar abgeleitet werden. Immer ist ja unsere Wahrnehmung eines bestimmten Raumes und seiner Elemente zwischengeschaltet."

So gerät die Annahme einer Verhaltensrelevanz von Vorstellungsbildern zum wesentlichen Wirkungsfaktor des behavoristischen Perzeptionskonzepts: Individuen weisen baulich-geometrischen Strukturen der Stadt dann Bedeutungen zu, wenn sie räumliche Umwelt über ihr Verhalten nutzen (R. FICHTINGER 1974, S. 23; H. BECKER, D. KEIM 1978, S. 73).

Häufig wird im Zusammenhang von Vorstellungsbildern und ihrer Verhaltensrelevanz von Symbolisierung gesprochen und gemeint ist damit eine Begriffsspezifizierung, die sich der folgenden Aufgabe stellt:

"Untersucht werden Bewertungen, Präferenzen, Raumkenntnis, Orientierungspunkte und affektive Bindungen an Räume, das Ergebnis mag man Image nennen oder nicht, es handelt sich auf jeden Fall um Verhaltensdimensionen." (S. TZSCHASCHEL 1986, S. 34).

Bei ihr findet sich auch eine ausführliche Zusammenfassung der Fülle relevanter Untersuchungen, die diesen Ansatz differenzieren und auf damit verbundene Erkenntnisprobleme hinweisen (S. 34 - 73).

Nach S. TZSCHASCHEL (1986, S. 72f) beinhaltet das "subjektive Raumkonzept", das Vorstellungsbild-Bildung und Verhalten in der Stadt verbindet, drei Grundannahmen:

1. Die Abweichung von der Realität (Individuen erinnern sich an Raumausschnitte entsprechend ihrer Erfahrungen und dem Interesse, daß sie mit den Raumeinheiten und -elementen verbinden);

2. Bewertung (nach Einstellungen oder Präferenzen) und

3. Die Individuums-Zentrierung (modellhaft als konzentrische Kreise um das Individuum, die abnehmende Intensitätsstufen der Interaktion und Kenntnis repräsentieren.)

Fast als Regel wird festgestellt:

"Subjektive Räume korrelieren mit Verhalten in dem selben Maße, in dem sie auch durch das Verhalten konstituiert sind; sie illustrieren den funktionalen Bezug des Individuums zum Raum."

2.1.2.3. Kognitive und affektive Erlebnisprofile

Selbst, wenn dem räumlichen Verhalten in der Stadt ein wesentlicher Einfluß auf Entstehung und Wandel von Vorstellungsbildern zugeschrieben wird, ist darüber hinausgehend einzuräumen, daß die "symbolische Bedeutung von städtischen Elementen oder ihren Repräsentationen über ihren objektiven und funktionalen Charakter hinaus" geht (S. TZSCHASCHEL 1986,S. 40). Solche Symbolgehalte können entweder stärker als individuell-biographische Bedeutungen verstanden werden (und werden als soziokulturell geprägte Assoziationen stadträumlicher Aneignung im Teilkapitel 2.5. behandelt). Sie können aber auch als allgemein bedeutsame ästhetisch-kulturhistorische oder kulturelle Symbole gemeint sein, die dann wiederum stärker in ihrer stilisierenden Verwertbarkeit als (offizielle) Stadt-Images, teilweise im Sinne von Stadt-Marketing - wie in Kap. 1. beschrieben - zu sehen sind (vgl. auch H.-D. SCHULZ 1981, S. 24, der an "urban icons" erinnert, "Sinnbilder, die die Städte sich selbst geben" und die sich - nach G. HARD 1984,S. 119-121 - v. a. allem als "Komplex von Symbolen und symbolisierenden Bezirken" in den Innenstadtbereichen konzentrieren).

Interessant ist zum einem wiederum eine normativ gesehene - und methodisch über semantische Differentiale oder Mental Maps evaluierte - Wirksamkeit von Objekten und Raumausschnitten im Hinblick auf die von ihnen ausgehende Wahrnehmungsintensität. Hierbei geraten Erklärungsvariablen in das Blickfeld, die für unterschiedliche Wahrnehmungsfähigkeiten der Bevölkerung verantwortlich gemacht werden: z.B., "Angehörige höherer Sozialschichten nehmen ästhetisch-kulturelle Objektqualitäten bevorzugt wahr" (G. HARD 1984, S. 121 u.131); oder: die im offiziellen Stadt-Image erzeugten Präferenzen werden von Erwachsenen stärker als von Kindern anstelle real vorhandener Objektattribute in deren Vorstellungshorizont gehoben (W. HASSENFLUG, S. 125ff)

Zum anderen ist hervorzuheben, daß bei den die Stadt insgesamt, aber schwerpunktmäßig die Innenstädte als "Hauptstapelplatz" der Symbolkonzentration (G. HARD 1984, S. 120) betreffenden Erlebnisprofilen auch die affektive Dimension berücksichtigt wird. Dabei können sich kognitive und affektive Wahrnehmungsqualitäten zu einer Bedeutungsdichte verschränken, die in der Literatur mit dem Begriff der intensivsten Beziehungsform zur Umwelt, nämlich der "Identifikation" bezeichnet wird (v. a. ausführliche Darstellung bei H. BECKER, D. KEIM 1978, S. 35ff) Solche, die affektive Bedeutung eines Lebensraumes einschließenden Wahrnehmungen können sich auf einzelne Gebäude und andere Stadtelemente beziehen, können aber auch der Stadt oder dem Wohnort insgesamt gelten. Im Sinne "symbolischer Ortsbezogenheit" (H. TREINEN 1974, S. 234 - 259) löst sich die emotionale Beziehung sogar von einer konkret formenhaften Raumvorstellung und zieht sich auf einen sprachlichen Code, etwa den Ortsnamen als Träger der Wahrnehmungsqualität zurück. Insofern kann auch ein sprachlich prägnanter Name oder Ausdruck (z. B. die Bezeichnung "Lappan" als Name eines mittelalterlichen Turmes einer ehemaligen Kapelle im Stadtzentrum Oldenburgs gleichzeitig als Zeichen von Bekanntheit und Vertrautheit mit der Stadt insgesamt) den kognitiven wie affektiven Symbol- oder Identifikationswert übernehmen.

An diesem Punkt jedoch tun sich die Grenzen der normativen Erklärungsbemühungen in der Stadtwahrnehmung besonders auf, sie gelten jedoch insgesamt für den Versuch, vornehmlich affektives Raumerleben von Individuen adäquat offenzulegen. Diese Beschränktheit hat letztlich ihre Wurzel im behavioristischen Symbolkonzept, weil einzelne Gebrauchsgegenstände wie die gebaute Umwelt insgesamt als "Anweisungen" für die Benutzer begriffen werden und damit Ausdruck eines konventionellen Verständnisses von Handlungsvollzügen sind.

Rein methodisch kann es nur um Verstümmelungen der emotionalen Vorstellungsdimension gehen, wenn - vorzugsweise über semantische Differentiale, wie in manchen Imageuntersuchungen geschehen - "die affektive Komponente in solchen Fällen zum Moment einer kognitiven Einschätzung wird" (S. TZSCHASCHEL 1986, S. 88).

Darüber hinaus greift der Erklärungsversuch lokaler oder regionaler Identifikationen mit der Umwelt im Stile derartiger "objektivierender" Ansätze insgesamt zu kurz, da er die "Lebensbedeutsamkeit" sozialräumlicher Strukturen weder in ihrer gesellschaftlichen Vermitteltheit noch in ihrer komplexen subjektiven Alltagsfundierung aufgreifen kann (vgl. Kap. 2.4. und 2.5.).

2.1.3. Semiotischer Erklärungsversuch zur Entstehung von Vorstellungsbildern

Ausgehend von den Konzepten normativer Erkenntnis zum Phänomen der Umweltwahrnehmung (als Beziehungsrelation zwischen realräumlicher Ausstattung, mentalen Konstrukten der Vorstellung und dem Alltagsverhalten vgl. Kap. 2.1.2.) ist ein semiotisch fundierter Erklärungsversuch anzusprechen, auf den man bei W. DURTH 1988, S. 177ff) stößt. Der Ansatz löst sich jedoch gleichzeitig von verkürzendem normativen Interpretationsvermögen.

Bei ihm wird die zeichentheoretische Bedeutung von Architektur nach dem Ansatz von U. ECO (1972) aufgegriffen: In der Verknüpfung interaktionistischer mit kommunikationstheoretischer Betrachtungsweise wird die formale Strukturierung baulicher Gestaltung als verhaltensrelevantes Zeichensystem dargestellt. Visuelle Codes, die den baulichen Elementen der Stadt anhaften, erweisen sich als verdichtete Beschreibungen geronnener gesellschaftlicher Erfahrungen und Gewohnheiten und bilden somit ein verhaltenssteuerndes Zeichensystem. W. DURTH (1988, S. 178) erläutert diesen Zusammenhang:

"Subjektive Codifizierungsprozesse sind ... Prozesse der Internalisierung von Handlungsmustern gemäß gesellschaftlicher Funktionszusammenhänge, die den Individuen eine relativ einheitliche Basis der Interpretation auch architektonischer Elemente geben - dies aber nur auf der Ebene der Denotationen, der primären Gebrauchsfunktionen. ...Architektur ist in diesem Konzept Festschreibung von Lebensformen, die nur geringe Abweichungen von vorgegebenen (codifizierten) Handlungsroutinen und von dem entsprechenden 'kognitiven Konsens' gestatten."

Im Ansatz U. ECOs ist unter enger Führung der Wahrnehmungen an den primären Nutzungsfunktionen städtischer Umwelt die ("ikonische") Denotation gemeint und damit auf die Gebrauchszusammenhänge verwiesen, in denen Individuen mit ihrem Alltagswissen agieren können.

Spannend ist jedoch die Öffnung dieser funktionalistischen Sichtweise um den Aspekt eines "neuen Funktionalismus", der sich erst auf einer zweiten Bedeutungsebene semiotischer Umweltqualität entwickelt: den symbolischen Konnotationen. Mit der Aufmerksamkeit auf diese "symbolischen Nebenbedeutungen" verläßt man den Rahmen subjektivistischer Verkürzung von Stadtwahrnehmung, weil in ihnen der historisch-spezifische Ausdruck der gesellschaftlichen Ordnung zum Vorschein kommt.

"Die Konnotationen sind zur Stabilisierung des sozialen Systems und sozialer Hierarchien ähnlich funktional wie die Kenntnis des gesellschaftlichen Gebrauchszusammenhangs dem bloßen Überleben" (W. DURTH 1988, S. 180).

Mit dieser Doppelperspektive zur Erklärung von Umweltwahrnehmung liegt ein treffender Erklärungsrahmen für die Zielsetzung der eigenen Untersuchung vor, bei der es um den Zusammenhang von Imageproduktion und Vorstellungen über die Lebenswelt aus der Betroffenenperspektive der Stadtbevölkerung geht. Denn nach ECOs semiotischem Konzept steht die gegenwärtige Stadtentwicklung, der die Bevölkerung ausgesetzt ist, unter "Bedeutungsverlusten konkreter Gebrauchswertzusammenhänge zugunsten der Dominanz ... von Statussymbolen und Prestigewerten - der gesellschaftlichen Phantasieprodukte." (W. DURTH 1988, S. 180)

Stadtwerbung, Imagemarketing und städtebauliches Styling in ihrer Außenwirkung und in ihren klischeebildenden Auswirkungen auf die Stadtbewohner bezogen (vgl. Kap. 1.2.) würde heißen, daß

"bei unveränderten 'ersten Funktionen' über äußerlich-ästhetische Innovationen neue Bedeutungszusammenhänge organisiert werden, indem die materiellen gesellschaftlichen Lebensbedingungen mit einer täuschenden Schicht überzogen werden."

2.2. Vorstellungsbilder in interpretativen Wahrnehmungsprozessen bedeutungsvoller Umweltbeziehungen

Mit dem semiotischen Erklärungsversuch wurde also der normative Erkenntnisanspruch in der Erklärung von Vorstellungsbildern noch einmal thematisiert und gleichzeitig überschritten. Denn angerissen wurde die Dimension gesellschaftskritischer Relativierung, die gegenüber den zuvor behandelten interaktionistischen (v. a. verhaltenswissenschaftlichen) Konzepten notwendig ist. Vor einer solchen Revision der Tragfähigkeit subjektivistischer Wahrnehmungskonzepte soll jedoch der in der sozialwissenschaftlichen Theoriebildung mögliche Wechsel vom normativen zum interpretativen Paradigma nachvollzogen und auf seine Brauchbarkeit zum Verständnis der Entstehung städtischer Vorstellungsbilder geprüft werden.

Räumlich gebundene Erlebnismöglichkeiten und die Verhaltenswirksamkeit der Stadtwahrnehmung werden jetzt nicht mehr in ihrer Beziehung zu objektiven Gestalt-, Nutzungs- oder Attraktivitätsmerkmalen gesehen. Vielmehr kommt es darauf an, das Subjekt selbst in seiner im Alltag die Umwelt erschließenden Rolle ins Zentrum der Betrachtung zu rücken:

Der Erkenntnisgegenstand ist das Individuum in seinem symbolvermittelten Handeln. Gegenüber der im normativen Paradigma vorausgesetzten Stabilität gesellschaftlicher Normen und Werte, die sich gleichsam als kulturelles Substrat auch in der wahrnehmungs- und verhaltensregulierenden Struktur der bebauten Umwelt wiederfindet, geht es jetzt um die Konstitution der Bedeutungen und Handlungsdispositionen des Individuums selbst. Sie lassen sich nachzeichnen an einer Pluralität unterschiedlicher Lebensstile und ihrer Wertmuster, die in ihrer Beziehung zum städtischen Lebensraum variierende Bedeutungszuweisungen und Situationsdefinitionen erzeugen.

Handlungstheoretische Ansätze bieten dabei gegenüber verhaltenswissenschaftlichen Konzepten offenere Erkenntniswege an. Sie gestatten es, die "gesellschaftlichen Großformationen zurückzubeziehen auf Lebensweisen und Sozialisationsformen, in denen die Menschen 'ihr eigenes Leben täglich neu machen' (MEW 3,29)" (B. WALDENFELS 1985, S. 175) oder konkreter formuliert, sie gestatten es, die gegenwärtige Pluralität urbaner Lebensformen und ihrer Vorstellungen über die Stadt realistischer darzustellen.

Der Symbolische Interaktionismus beispielsweise eignet sich zum Verständnis von Handlungsorientierungen, die auf die "Neue Unübersichtlichkeit" gesellschaftlichen Lebens zugeschnitten scheinen: Nach ihm macht soziales Handeln die Fähigkeit zur Übernahme wechselnder gesellschaftlicher Rollen aus, eine Fähigkeit die das Individuum durch das Erlernen der gesellschaftlichen Bedeutungen von Formen, Gesten, Worten und Gegenständen im Sozialisationsprozeß erwirbt.

Die Möglichkeiten wechselnder Interpretationsleistungen des Individuums (Rollenwechsel) entlang begrenzter Handlungsabläufe weisen auch der räumlich-gegenständlichen Umwelt wechselnde Bedeutungen zu, die kommunikativ vermittelt werden. Damit wird auch verständlich, daß Vorstellungsbilder vom städtischen Lebensraum entstehen, die seltener eindeutig, häufiger mehrdeutig sind und die als Erfahrungshintergrund für zukünftiges Handeln je spezifische Interpretationsgehalte verfügbar machen.

Der Schwenk von den normativ gesehenen Mensch-Umwelt-Beziehungen zu den offenere Bezugsqualitäten symbolvermittelten Handelns thematisierenden Erkenntnisansätzen impliziert auch einen Rollenwechsel des Wissenschaftlers gegenüber den Realitäten der Lebenswelt: Das interpretative Paradigma erfordert einen verstehenden Zugang zu gesellschaftlicher Wirklichkeit, wie er sich in der qualitativen Sozialforschung aus der hermeneutischen Tradition heraus entwickelt hat. Stellvertretend für die umfangreiche Literatur zur sozialwissenschaftlichen Hermeneutik sei auf die gründliche Darstellung bei Th. HEINZE (1987, S. 60 - 96) verwiesen und dabei ein Zitat von H. G. SOEFFNER (1980, S. 75) übernommen, das in Kurzform das hermeneutische Konzept beschreibt:

"Sozialwissenschaftliche Hermeneutik basiert auf der 'Alltagshermeneutik', das heißt auf der Interaktions- und Interpretationskompetenz, auf dem Regelwissen alltäglich Handelnder als kompetent und sinnhaft Handelnder. Sie besteht als Interpretationslehre in dem Ausformulieren der Kompetenzen und des Regelwissens alltäglich Handelnder. Sie setzt methodisch eben jenes Regelwissen und jene Regelkompetenz zur Rekonstruktion des Sinnes von Interaktionsprodukten ein, die alltäglich Handelnde bei der Konstruktion des Sinnes von Interaktionsprozessen eingesetzt haben und immer schon einsetzten."

In aller Kürze soll erwähnt werden, daß der beschriebene Paradigmenwechsel auch in der Sozialgeographie seine Spuren hinterläßt und gegenüber dem normativ-funktionalistisch orientierten "spatial approach" bei der Formulierung und Forschungspraxis einer "humanistisch-phänomenologischen Geographie" eine Rolle spielt. (Zur anschaulichen Kurzinformation mit weiteren Literaturbelegen sei verwiesen auf: R. DANIELZYK, C.-Chr. WIEGANDT 1985, S. 24f.) Wichtig ist zum einen die akzentuiertere Bedeutung der Kategorie von Räumlichkeit als "place" (nach E.RELPH 1976, Yi-Fu TUAN 1977) oder als neuer soziologisch-raumwissenschaftlicher Gedanke mit postmoderner Konnotation unter dem Begriff des "besonderen Ortes" bei D. IPSEN 1987, S. 129).

Zum anderen wird in Verbindung damit für den Wissenschaftler die "insider"-Perspektive der im Alltag an den Lebensraum gebundenen Menschen zu einer entscheidenden Erkenntnisquelle, deren Wirklichkeitsstrukturen er (nach)verstehend betrachtet. Ein eindrucksvolles Beispiel für die Nutzbarkeit der Laienperspektive bei der Analyse problematischer Stadtteilentwicklung stellt die Arbeit von G. WOOD

(1985) über die Stadt Essen dar, in der sensible lebensweltliche Interpretationen über biographische Interviews möglich wurden.

Als Ergebnis der ausführlichen Erörterung dieser handlungstheoretischen Position sei festgehalten, daß zum Verständnis der Vorstellungsbilder dem interpretativen Zugang zum subjektiven Stadterleben ein bedeutender Stellenwert zukommt.

2.3. Vorstellungsbilder unter Betonung affektiver Umweltbeziehungen nach psychoanalytischen Ansätzen

Da - im Sinne der bereits formulierten Kritik am behavioristischen Symbolkonzept (Kap. 2.1.3.) - bei den bisherigen Denkansätzen über Prozesse subjektiven Umwelterlebens die Erfassung der affektiven Dimension zu kurz gerät, sollte schließlich eine wissenschaftliche Orientierung angesprochen werden, die sich dieser Fragestellung öffnet: die psychoanalytische Konzeption A.LORENZERs (1970 und 1971). Sie soll im folgenden entsprechend ihrer Rezeption bei W. DURTH (1988, S. 183 - 191) verwendet werden, da sie es möglich macht, noch gezielter auf die emotionale Mitbedingtheit städtischer Vorstellungsbilder eingehen zu können.

Wichtig ist die Einlassung auf eine pschoanalytische Interpretation der affektiven Wahrnehmungsdimension deshalb, weil mit der Frage nach dem emotionalen Kern die Frage nach der Vertrautheit und Geborgenheit in gegebenen Mensch-Umwelt-Beziehungen verknüpft ist, eine Bindungsintensität, die zwar selbstverständlicher im gewohnten lokalen Erfahrungsfeld des eigenen Wohnquartiers vermutet wird, die aber auch auf die Stadtstrukturen insgesamt zu beziehen wäre.

Ausgehend vom Denkmodell der "präsentativen Symbolik" S. K. LANGERs wird die Abhängigkeit affektiver Bindungen an die baulich gestaltete Umwelt aufgezeigt. Dabei muß zunächst nachvollzogen werden, daß gemäß der LANGERschen Unterscheidung von diskursiven (verbalen) Symbolen und präsentativen (bildhaften) Symbolen die letzteren vorzugsweise die emotionale Besetzung von Wahrnehmungsobjekten ausmachen. Sie sind damit auch geeigneter, um gegenüber den affekt-sperrigeren, verbalen Symbolen innere Erfahrungen im Umgang mit der Außenwelt emotional zu fixieren.

Allerdings ist dieser Mechanismus der Gefühlsbesetzung von Umwelt über bildhafte Repräsentation auch ambivalent zu sehen. Denn gleichzeitig sind "Symbole als (innerpsychische) Objektrepräsentanzen immer auch Instrument der Triebökonomie" (W. DURTH 1988, S. 186f.). Als solche können "Repräsentanzen durch Verdrängung, durch Übergang ins Unbewußte ihren Symbolcharakter verlieren und sind der Reflexion nicht mehr zugänglich." Sie werden zu "nicht-symbolischen Strukturen, sind dann nicht mehr bewußtseinsfähig, bleiben aber stark mit Triebenergie besetzt." Sie werden von LORENZER "Klischees" genannt.

Faßt man die gedanklichen Prämissen - nämlich die der Symbolorganisation auf einer unteren (bildhaften) und höheren (verbalen) Ebene sowie die Ambivalenz der "präsentativen Symbolik" als eher unbewußter Triebbesatz oder als reflexionsfähiges Symbol - zusammen, so können hinsichtlich der emotionalen Fixierung von Subjekten auf städtische Lebensräume drei Qualitäten unterschieden werden:

(1) Sofern es um engere lebensgeschichtliche Erfahrungen mit gestalteter Umwelt geht, nimmt der Grad an emotionaler Besetzung über bildhafte (präsentative) Symbole zu und befördert Vertrautheit und Identifikation.

(2) Mit zunehmender Abstraktion von lebensgeschichtlicher Nähe nimmt umgekehrt der individualhistorische Charakter der Symbole ab, da der Bezug zur persönlichen Bedeutung immer lockerer wird. Diese Herauslösung des Wahrnehmungsgegenstandes aus der Beziehungssituation wird nunmehr mittels exakter Repräsentation in Form sprachlicher (diskursiver) Symbole geleistet.
"In diese Richtung auf weitere intellektuelle Aufgliederung setzt der Prozeß der Entpersönlichung ... ein. Bei weiterer intellektueller Distanz und sinkender affektiver Beteiligung sowie zunehmender Abschwächung des Beziehungsgehaltes wird das Symbol ... zum Zeichen" (W. DURTH 1988, S. 188).
Es verliert für das Objekt seine emotionale Bedeutung.

(3) Ganz in umgekehrter Richtung, nämlich im Entgleiten bewußter Reflexion verschwimmt die Symbolisierung in den Bereich "unbewußter Repräsentanzen, der Klischees, die nicht mehr - wie Symbole als kognitive Instrumente - unabhängig von der Realsituation bzw. in der Reflexion begrifflicher Situationen" hervorgerufen werden können: symbolvermitteltes, reflektiertes und intendiertes Handeln wird zu klischeebestimmten Verhalten.

(Ohne auf dieses psychoanalytische Interpretament Bezug genommen zu haben, wurde in gleicher Unterscheidungsabsicht in einer eigenen Untersuchung über Identifikationen der Bevölkerung mit Alltag und Lebensbedingungen in einem Südtiroler Bergtal der Heimatbegriff nach einem in der Reflexion der Menschen geschärften "Heimatbewußtsein" und einem diffusen "Heimatgefühl" unterschieden, F. CHAI, D. HAGEN, J. HASSE, R. KRÜGER 1986 S. 130 - 139 u. R. KRÜGER 1987, S. 169 - 171).

Dieser pschoanalytische Erklärungsversuch ist für das eigene Untersuchungsanliegen von Bedeutung, da er den Unterschied zwischen (offizieller) Imageproduktion, den eigentlich subjektiv begründeten Vorstellungsbildern und den Einfärbungen der letzteren durch "Klischeeübernahme" aus der ersteren Gattung verdeutlichen hilft.

LORENZER (nach W. DURTH 1988, S. 189f) illustriert den Vorgang eines klischeehaft programmierten Verhaltens (als Wahrnehmungsreaktion) über eine imageträchtige Szenengestaltung am Beispiel einer Café-Einrichtung. In diesem Fall eines geschickt gestylten Interieurs wird die mißbräuchliche Wahrnehmungssteuerung über präsentative (bildhafte) Symbolbildung auf den Besucher deutlich. "Nicht die in begriffenen und artikulierten Bedürfnissen gegründeten, gemeinsamen Handlungen bilden hier den Zusammenhang von einer 'Gruppierung'." Zwar wird über das bauliche Arrangement eine anschauliche Hoffnung auf "Teilhabe an Lebensformen" projiziert, aber realiter wurden nur "die Versagungen des Alltags überblendet". Denn die "kurzfristige Illusion des spielerischen und mühelosen Daseins beruht einzig auf der schweigenden Anerkennung durch das übrige Publikum". Möglicherweise bleiben viele individuelle Bedürfnisse der Besucher unberücksichtigt.

In der Interpretation der empirischen Befunde der eigenen Arbeit wird darauf zu achten sein, ob und inwieweit positive Besetzungen von Vorstellungsbildern - besonders bezüglich des Erlebniswertes der Innenstadt - lediglich Ergebnis derartiger emotionaler Resonanz auf szenische Arrangements (hier speziell der Freizeit- und Unterhaltungsmöglichkeiten) sind.

Letztlich läßt auch der psychoanalytische Ansatz - ebenso wie die verhaltenswissenschaftlichen Konzepte - ein Erklärungsdefizit zurück. Denn die Interpretation möglicher Wahrnehmungsverzerrungen und Verhaltensbeeinflussungen über das Phänomen der Klischeeübernahme läßt vermuten, daß hinter allen, subjektive Erfahrungs- und Erlebnisdimensionen betreffenden Denkfiguren, Einflüsse und Kräfte stehen, die der gesellschaftlichen Systembedingtheit und ihren "objektiven Strukturen" entspringen und die nur im Rahmen einer kitischen Gesellschaftstheorie greifbar werden.

2.4. Die Notwendigkeit kritischer Gesellschaftstheorie zur Relativierung subjektiver Wahrnehmungskonzepte: zur Rolle objektiver Bedingungen sozialer Interaktion

Bekanntermaßen ist die Literatur, die sich aus strukturalistisch-marxistischer Sicht, und damit unter einer politökonomischen Perspektive, der Analyse gesellschaftlicher Verhältnisse widmet, sehr umfangreich und ausufernd. Deshalb soll von vornherein die folgende Darstellung auf eine Kritik der anthropologischen Wahrnehmungs- und Handlungskonzepte und ihres Aussagewertes für die theoretische Behandlung der städtischen Vorstellungsbilder zugespitzt werden.

Mit dem Wachstum der Städte und deren immer komplexerer Funktionsdifferenzierung ist den Menschen zunehmend die Basis gemeinsamer Wahrnehmungs-, Orientierungs- und Handlungsmuster abhanden gekommen. Nicht nur im Verhältnis zu den vielfältigen in ihren Zusammenhängen undurchschaubaren Ausformungen gesellschaftlicher Arbeit, auch im Verhältnis zum städtischen Lebensraum haben Entfremdungen stattgefunden. J. HASSE (1985 S. 7-15, S. 75-79) befaßt sich ausführlich mit dieser Problematik der Wahrnehmungsverarmung und ihren gesellschaftlichen Ursachen.Er meint, daß

"... letztendlich systembezogen sinnhaft sich ergebende Veränderungen unserer komplexen Umwelt meist nicht von individuellen Subjekten gewissermaßen 'frei' entschieden werden, sondern daß die Initiierung von Veränderungen der Gesellschaftsstruktur (auch auf der räumlichen Ebene und unabhängig von deren Dimension) von kollektiven und hierarchischen Gruppen per Interaktion bewirkt werden, die aufgrund fester Bindungen in Rollennormen nur noch systemimmanenten Entwicklungsgesetzen (die letztlich immer auf Interessen zurückzuführen sind) Folge leisten. ...'Objektive' und subjektive Sinnbezüge fallen auseinander. Sie fallen um so stärker auseinander, je begrenzter die subjektive Rollenambiguität, je kleiner der Interpretationsspielraum im gesellschaftlichen Prozeß des 'role-taking' ist (s. KRAPPMANN 1982). Je unterprivilegierter also, aufgrund der Stellung des Individuums im Arbeitsprozeß, dessen sozialer Rang ist, um so begrenzter erscheint dessen 'Wahrnehmungskompetenz'. ...In einer Welt, in der die Arbeit des Individuums eher Mittel denn selbst gesetzter Zweck für einen ebenso selbst definierten Sinn ist, in der sie 'Vermietung von Lebenskraft' (JAEGGI/ FASSLER 1982) ist, wird der Mensch von seiner Gesellschaft und von sich selbst entfremdet."

Erstaunlicherweise ist es die Phänomenologie, die zwar - positiv gewürdigt - eine Sensibilisierung für die subjektiven Konstruktionsleistungen gesellschaftlicher Realität gebracht hat, die aber die Menschen in "fraglos gegebene" Strukturen der Lebenswelt eingebettet sieht und damit verharmlosend die objektiven Systembedingungen des Kapitalismus ausblendet: hinter der vermeintlichen Konkretheit von Lebenswelt und Alltagswissen wird versäumt, Bewegungsgesetze der gesellschaftlichen Wirklichkeit als Bewegungsgesetze ihrer Ökonomie freizulegen. Außerdem wird das Individuum mit sich selbst alleingelassen, in dem "Splitterhaufen subjektiver Horizonte" (W. DURTH 1988, S. 192) seine Verhaltensunsicherheit zu meistern oder sich den kurzlebigen ästhetisch-architektonischen Anmutungen städtischer Lebensinszenierung ausgeliefert zu sehen.

Ähnliches gilt für die verhaltenstheoretischen Ansätze:

"Von den konkreten gesellschaftlichen Verhältnissen wird abgelenkt, und die Unterschiede in den Ergebnissen sozialen Verhaltens werden auf individuelles Verhalten bzw. Fehlverhalten zurückgeführt, d. h. letztlich ganz subjektgebunden" (G. BECK 1982, S. 68; vgl. auch A. KAMMERMEIER 1979, S. 37).

Der die gesellschaftlichen Systembezüge ausblendende Mechanismus liegt dabei darin, daß die Individuen auf der Grundlage gewohnter Bedeutungen wechselseitig Tätigkeiten und Gegenstände so typisieren, daß sie in überschaubare Umwelten alltäglicher Handlungsroutinen passen. In diesem Prozeß bleiben Teile der undurchschaubaren Außenwelt und ihrer Systemobjektivität bedeutungslos, es sei denn, die Menschen haben bewußt Veranlassung, die unproblematische Struktur ihrer Alltagswelt zu hinterfragen. J. HASSE (1985, S. 78) erläutert diesen Sachverhalt aporetischer Ernüchterung so:

"Die Gewißheit bzw. der Fortbestand der Fraglosigkeit ist in Gefahr, wenn Erfahrungswidersprüche erlebt werden, die im Bewußtsein des Subjekts durch Veränderung von Konstituenten der sozialen, dinglichen und räumlichen Lebenswelt ausgelöst werden können. 'Wir können sagen, daß die Fraglosigkeit meiner Erfahrung 'explodiert', wenn appräsentative Aspekte des Gegenstandes bzw.

antizipierte Phasen meines Bewußtseins, zur Selbstgegebenheit gekommen, mit der vorangegangenen Erfahrung inkongruent sind' (SCHÜTZ/LUCKMANN 1979, S. 33). Solche Erfahrungswidersprüche können sein: Umweltprobleme oder Industrieansiedlungen, die eine positive, affektive Heimatbeziehung im Hinblick auf ihre Konstituenten bewußt werden läßt."
Erst dann besteht die Möglichkeit, daß die Fraglosigkeit des Alltags aufgebrochen wird, und die Menschen ihr systembedingtes Objekt-Sein als Fehlentwicklung einer immer intensiver in ihren Alltag einwirkenden anonymen Regie erkennen. Die Folge dieser Einsicht kann sein, daß Individuen und Gruppen dann ein selbstbewußteres prospektives Handlungskonzept entwickeln könnten (R. KRÜGER 1987, S. 169), auf das im folgenden Teilkapitel eingegangen werden soll.

2.5. Prospektive Vorstellungen über die Stadt im Vorgang ihrer Aneignung und die daraus folgende Implikation für eine differenzierte Stadtforschung

Wie in der Überschrift angedeutet, sollen die folgenden Darlegungen in zwei Schritten erfolgen.

2.5.1. Vorstellungsbilder im Zusammenhang selbstbestimmter Stadt-Aneignung

Nur in schmalen Zonen von Freiräumen wird es um Möglichkeiten selbstbestimmbarer Lebensverwirklichung gehen. Insofern ist es eine Gratwanderung, die Herausbildung von Vorstellungen über die Stadt als Resultat gelingender Stadtaneignung vorzudenken. Denn man hat sich der Tatsache bewußt zu sein, daß nicht nur die soziale, sondern auch die materiell-formenhafte Umwelt in ihrer Entstehung und Funktionalität als Vergegenständlichung solcher gesellschaftlicher Beziehungen unter den Bedingungen historisch-konkreter Produktionsverhältnisse der jüngsten Phase des Kapitalismus anzusehen ist, die der individuell-bewußten Verfügbarkeit häufig entrückt sind.

Wie stellt sich der sozialwissenschaftliche Diskussionsstand gegenüber dieser Problematik dar? W. DURTH (1988, S. 194) setzt auf den vorsichtigen Versuch eines konstruktiven Mittelweges, der sich zwischen Anpassung an den "stummen Zwang verselbständigter gesellschaftlicher Verhältnisse" (S. 191f) und die blauäugige Annahme weitläufiger Spielräume eigener Lebensgestaltung, wie sie neokonservative Positionen suggerieren, behaupten will:

"Gerade weil aber der 'subjektive Überschuß' individueller und kollektiver Lebenspraxis, der zukunftsgerichtete Entwurfscharakter menschlichen Handelns nicht vollständig von sozialen und ökonomischen Determinanten eingefangen wird,...ist nun nach theoretischen und praktischen Alternativen zu den 'herrschenden Produktions- und Aneignungsweisen' zu fragen. Denn schließlich wird durch die gegenständlich-sinnliche Tätigkeit der Menschen die gesellschaftliche Wirklichkeit nicht nach herrschenden Gesetzen bloß statisch reproduziert, sondern täglich neu konstituiert und modifiziert und ist somit auch grundsätzlich veränderbar".

Will man diesen Impulsen neuer Wahrnehmungs- und Gestaltungsmöglichkeiten in der städtischen Lebenswelt nachgehen, stößt man einerseits in der Tat auf vielfältige Belege eines gesteigerten Bewußtseins gegenüber der Stadtentwicklung, die in der Existenz eines Teiles der neuen sozialen Bewegungen, aber auch einer Fülle lokaler Initiativen kulminiert. Andererseits ist in zunehmendem Maße in den Sozial- und Kulturwissenschaften dieser Bewußtseinswandel und Mitgestaltungswille unter den Begriff der "Aneignung" städtischen Lebensraumes aufgenommen worden. Sowohl diese Veränderungsprozesse gesellschaftlicher Wirklichkeit als auch ihre theoretische Aufarbeitung geben Anlaß, ihrem Einfluß auf die Entwicklung städtischer Vorstellungsbilder Beachtung zu schenken.

Der wissenschaftlich handlungsbesetzte Begriff der "Aneignung" wurde im Bereich der Raumwissenschaften von P. H. CHOMBART DE LAUWE 1976/77,S. 2-6) in den Vordergrund gerückt: Aneignung des Raumes ist

"... das Resultat der Möglichkeiten, sich im Raum frei zu bewegen, sich entspannen, ihn besitzen zu können, etwas empfinden, bewundern, träumen, etwas kennenlernen, etwas den eigenen Wünschen, Ansprüchen, Erwartungen und konkreten Vorstellungen gemäß tun und hervorbringen zu können" (S. 6).

Wenn sich solche Aneignungsprozesse in der Auseinandersetzung mit den gerade die Stadtplanung beherrschenden Systemzwängen anbahnen lassen, ließe sich der städtische Lebensraum zur Geborgenheit vermittelnden "Heimat" ihrer Bewohner entwickeln:

Heimat würde nicht als "bezugslose Hülle,... als verdrängte bis resignative Ersatzwelt gegenüber den Herausforderungen und Zwängen des häufig sinnentleerten Alltags verbraucht (konsumiert) werden". Sie kann als Konsequenz einer

"... prospektiven Lebenshaltung verstanden werden. Dann werden im täglichen Miteinander von Menschen über Arbeiten und Leben die lokalen Qualitäten sozialräumlicher Ausstattung sinnvoll gebraucht. In einem ständigen Prozeß der Umweltaneignung werden gewachsene Strukturen nach zukunftsgerichteten Bedürfnissen weiterentwickelt. Der Ort der Heimat ist dann ein Entfaltungs- und Gestaltungsraum" (R. KRÜGER 1987, S. 169).

Spuren einer solchen Raum-, Selbst- und Gesellschaftsentdeckung lassen sich in vielfältigen Aktivitäten einzelner Gruppen städtischer Bevölkerung finden: Aneignung verkehrsberuhigter Straßenräume zur Alltagskommunikation und zum Feiern; Gestaltung von Alltagskultur z. B. in einem unter der Regie der Viertelbewohner betriebenen innerstädtischen Freibad; Mitwirkung an Stadtteilplanungen, z. B. bei Veränderungen in Großwohnanlagen oder bei der Stadtsanierung; das Eindringen kreativen und spielerischen Gestaltungsbewußtseins in den Schulunterricht; die Eigeninitiative im Ausbau und Betreiben von Kultur- und Kommunikationseinrichtungen. Anschaulich beschreiben H. HÄUßERMANN und W. SIEBEL (1987, S. 238 -250) Perspektiven für die Entwicklung einer solchen "Neuen Urbanität" und verbinden diese im Hinblick auf deren Verwirklichungschancen mit der Forderung: "Wenn es Wirklichkeitssinn gibt, muß es auch Möglichkeitssinn geben" (vgl. hierzu auch aus neomarxistisch-geographischer Sicht D. HARVEYs (1987, S. 30f) Konzept lebensformbezogener Stadt- und Regionalentwicklung als neuen Weg zu einem "dezentralisierten, weichen Sozialismus".)

2.5.2. Die methodologische Konsequenz aus der Verschränkung von Objekt- und Subjektbezug in der Analyse von Stadtentwicklung

Abschließend bleibt die Frage offen, wie die Stadt- und Regionalforschung dem differenzierten Analyseanspruch gerecht werden soll, die gesellschaftliche Vermitteltheit der subjektiven Objektbedeutungen in ihren räumlichen Bezugsmustern angemessen zu erfassen und zu erklären. Erste Ansätze, die diese Forderung aufnehmen, finden sich in einigen sozialgeographischen Regionalstudien, so in der Skizzierung eines entsprechenden Forschungsansatzes bei R. DANIELZYK u. C.-C. WIEGANDT 1985, S. 12-30 oder in den Arbeiten von A. HAHN u. C. PAULITSCEK (1979) und E. CHAI, D. HAGEN, J. HASSE u. R. KRÜGER (1986).

Faßt man den neuen Forschungsstand zusammen, so ist festzuhalten: Es geht um die gleichermaßen notwendige Behandlung der gesamtgesellschaftlichen-strukturellen und der lebensweltlichen Aspekte und damit um die - auch empirische - Zusammenführung der "System-/ Struktur"-Ebene mit der "Alltagswelt"- und der zwischen ihnen vermittelnden "Handlungsebene" (R. DANIELZYK u.C.-C. WIEGANDT 1985, S. 26f).

Methodologisch folgt daraus die Notwendigkeit eines Pluralismus,

"der sowohl auf quantifizierende Verfahren der Raumanalyse als auch auf qualitative Verfahren der Lebensweltdeutung zurückgreift. Neben die bislang konventionellen Methoden sozialstatistischer Analysen und modellhaft quantitativer Reduktion und Abstraktion von Räumen sowie die behavioristische Erfassung von Raumverhalten treten stärker qualitativ-sozialempirische Methoden (z. B. teilnehmende Beobachtung, offene bis halboffenen Interviews oder Gruppengespräche") (R. KRÜGER, 1987, S. 174).

3. Arbeitshypothesen als Konsequenzen der theoretischen Begründung unterschiedlicher Funktionen der Stadtwahrnehmung

Es kann kein Zweifel daran bestehen, daß nach den theoretischen Ausführungen das Erkenntnisinteresse an der Untersuchung aus einer gesellschaftskritischen Position erwächst. Denn nur eine naive Verharmlosung in Annahme einer sogenannten Wertfreiheit der Wissenschaft könnte einen die Widersprüche und Zwänge des Kapitalismus übersehen lassen.

Und dennoch sollte gegenüber einer eindimensionalen marxistischen Erkenntnisperspektive, die meistens in den gesellschaftlichen Makrostrukturen steckenbleibt und bereits daraus Rezepte gesellschaftlicher Veränderung gewinnt, Reserve geübt werden. Zu schnell sind auch Weltverbesserer geneigt, über gesellschaftlichen Zukunftsentwürfen den Menschen selbst in seiner konkreten Lebenssituation zu übergehen. (Eine der wenigen Weiterführungen der Fragestellung von den Systemzusammenhängen hinein in die Alltagsperspektive der Menschen liegt im Ansatz von B. VOLMBERG, T. LEITHÄUSER, U. VOLMBERG 1982 vor.)

Die dieser Studie vorangestellten Worte E. CANETTIs (1982, S. 261) haben also eine, zwar nicht wörtliche, aber ernste Bedeutung: "Tot werde ich sein, wenn ich nicht mehr höre, was mir einer von sich erzählt." Die Erkenntnisquelle der nachverstehenden Deutung der lebensweltlichen Perspektive ist angesprochen. Sie bei der Frage nach der Entstehung und Bedeutung von Vorstellungsbildern der Individuen zu nutzen, ist ein wichtiges Anliegen dieser Arbeit. Darüber hinaus sollte man zugestehen, daß es Erfahrungstatbestände gibt, die sich bereits in positivistischen Erklärungsansätzen teilweise aufarbeiten lassen. In diesem Fall ist es die Beachtung der Verhaltensrelevanz bei der Entstehung von Vorstellungsbildern im Rahmen der Prozesse von Stadtwahrnehmung.

Es zeigt sich, daß man nicht nur keine Scheu vor der Beantwortung einzelner Fragenkomplexe aus dem jeweiligen Interessenshorizont unterschiedlicher wissenschaftstheoretischer Begründung zu haben braucht, sondern sich ein solcher "Erkenntnispluralismus" unter der allerdings eindeutigen Schärfung am Anspruch gesellschaftskritischen Engagements zur Bearbeitung des gestellten Themas anbietet. (Auf die philosophisch-gesellschaftstheoretische Legitimation, die sich an die Position eines konstruktiven Postmodernismus anlehnt - v. a. nach A. WELLMER (1985) und W. WELSCH (1987a u. b) - ist im ersten Aufsatz dieses Bandes ausführlich eingegangen worden.)

Die folgenden *Arbeitshypothesen* und ihre erkenntnistheoretischen Bezüge lassen sich jetzt für die Untersuchung von Stadt-Image und Vorstellungsbildern in Oldenburg formulieren.

Formulierung der Arbeitshypothesen aus dem Theoriezusammenhang

Arbeitshypothesen	Wissenschaftstheoretischer Erkenntnisbezug	Kapitel
1. Welche Komponenten bestimmen das Image von Oldenburg?		
a) bei der Formulierung des *offiziellen* Images		1., 1.1.
b) bei den Images in *Literatur und Medien*		1., 1.1.
2. Welcher *systembedingte Enstehungshintergrund* prägt das offizielle Image?	Kritische Gesellschaftstheorie	1., 1.1., 2.4.
3. Enthält das Stadt-Image Elemente, die sich zur *alltagsbezogenen Aneignung* anbieten?	Konstruktiv-kritischer Postmodernismus	1.3., 2.5.
4. Welche Komponenten bestimmen die *Vorstellungsbilder* von Oldenburg?		
5. Lassen sich bei der Genese der Vorstellungsbilder *gestaltinduzierte Einflüsse* feststellen,	Normativer Erkenntnisansatz	2.1,
	gestalt- und verhaltenstheoretische Orientierung	2.1.1.
a) indem *ganzheitlich* Objekte- oder Ensembles wahrgenommen werden?		
b) indem auffällige und *"lesbare"* Qualitäten der Stadtgestalt wahrgenommen werden?		
6. Welchen Bezug haben die Vorstellungsbilder zum *Alltagsverhalten*?	Verhaltenstheoretischer Ansatz	2.1.2.
Werden einzelne Objekte oder Bereiche der Stadt aus Gründen der *Alltagsnutzung* betont?	Verhaltenstheoretischer Ansatz	2.1.2.
7. Welche Bedeutungszuschreibungen aus der *Bekanntheit* der Stadt erfahren einzelne Objekte oder Bereiche?	Verhaltenstheoretischer Ansatz	2.1.2.3.
8. Gibt es auch *affektive* Fixierungen an einzelne Objekte oder Bereiche, die über die kognitive Bedeutung hinaus identifikationsbestimmend sind	Verhaltenstheoretischer Ansatz Interpretatives Paradigma Psychoanalytischer Erklärungsversuch	2.1.2.3., 2.2. 2.3.
9. Lassen sich *Einflüsse des (offiziellen) Stadt-Images* auf die Gehalte der Vorstellungsbilder feststellen,z. B.als Klischeeübernahme?	Semiotischer Erklärungsversuch Interpretatives Paradigma, Psychoanalytischer Erklärungsversuch, Kritische Gesellschaftstheorie	2.1.3. 2.2. 2.3. 2.4.
10. Gibt es Aspekte gedachter oder sich vollziehender *Stadt-Aneignung* in den Vorstellungsbildern?	Kritische Gesellschaftstheorie, Konstruktiv-kritischer Postmodernismus	2.4., 2.5.

4. Methodologische Konsequenz aus der theoretischen Begründung unterschiedlicher Funktionen der Stadtwahrnehmung: methodischer Pluralismus

Die zehn Arbeitshypothesen verstehen sich als ein offenes Fragenraster, das den methodischen Aufbau der empirischen Erhebungen und deren Auswertung, Verarbeitung und Ergebnisdarstellung strukturieren kann. Vorgesehen ist jedoch nicht eine stringente Standardisierung eines Erkenntnisprozesses, der normativ als Verifizierung- oder Falsifizierungsverfahren zu einzelnen Fragen abläuft. Mehrere Gründe würden gegen ein solches geschlossenes Forschungskonzept sprechen:

- Die "harte" Empirie sozialwissenschaftlicher Forschung allein würde die wichtigen "weichen" Faktoren der lebensweltlichen Perspektive nur unzureichend erfassen. Gerade Querbezüge zwischen einzelnen Arbeitshypothesen tragen zur Aufhellung wesentlicher Forschungsaspekte bei, z. B. bei der Eruierung des Wechselverhältnisses zwischen Imageproduktion und Vorstellungsbildern.

- Wichtig ist die Zusammenführung der drei Erkenntnisebenen System/ Struktur, Alltag und Handlung, die in Kap. 2.5. erläutert wurde. Dieses Anliegen gestattet weder die Abschottung einzelner Fragestränge (Arbeitshypothesen) noch die Exklusivität eines alleinigen methodischen Weges. Gestützt wird diese Einschätzung u. a. aus einem Forschungsansatz, der aus gesellschaftskritischer Grundhaltung heraus diese Problematik behandelt (W. VOLMBERG, T. LEITHÄUSER, U. VOLMBERG 1982, S. 446). In ihrem "tiefenhermeneutischen Verfahren" geht es um die Aufdeckung "der Verkettung von Ideologie mit pathologischen Mechanismen des Alltagsbewußtseins" mittels eines Verfahrens, daß über "kognitive Aufklärung über Herrschaft" und psychoanalytische Theorie hinaus die Strukturen und Mechanismen von Sprache und Praxis aufdecken will, die Handlungsspielräume einschränken.

Ein methodologisches Rahmengerüst, daß sich zur gegenseitig stützenden Verschränkung unterschiedlicher Erkenntnispositionen und daraus folgender methodischer Zugänge anbietet, ist die "Gegenstandsbezogene Theorie", die von B.G. GLASER (1978) und A. STRAUSS (1982) entwickelt wurde. Sie läßt sich als eine Forschungsstrategie begreifen, die eine auf Untersuchungsfelder in Gang gebrachte Forschungsaktivität so organisiert, daß sie als "soziologisches Entdeckungsverfahren" (G. KLEINING 1982, S. 231) wirkt. Erst im Forschungsprozeß wird ein Theoriegehalt erworben, der einerseits anpassungsfähig an weitere Entdeckungsleistungen der Untersuchung bleibt, andererseits schrittweise Beziehungen zu allgemeineren Theorien erlaubt. Nach der "Gegenstandsbezogenen Theorie" läßt sich also ein Verfahren entwickeln, das eine sinnvolle Aufeinanderfolge induktiver und deduktiver Vorgehensweisen erlaubt, um "in unbekannten sozialen Realitäten Verbindungen und Bezüge zu entdecken" (H.D. KÜBLER 1984, S. 63; vgl. auch H. KERN, M. SCHUMANN 1985, S. 30f).

Das Verfahren soll verhindern, daß eine einseitige "Verlagerung der Auffassung von Gesellschaft in die suvjektive Konstitutionsleistung der Individuen" stattfindet (A. WITZEL 1985, S. 231), eine Gefahr in die man beim hermeneutischen Zugang leicht gerät. Denn ein Abgleiten in einen phänomenologischen Subjektivismus würde den Blick auf die gesellschaftliche Problemstellung der objektiven Rahmenbedingungen des Alltags verstellen (vgl. H. KERN, M. SCHUMANN 1985, S. 38) Vielmehr soll über die "Gegenstandsbezogene Theorie" ein ständiger Reflex der subjektiven Erfahrung und Verarbeitung von Lebensalltag in lokalen und regionalen Bezügen auf die gesellschaftlich-strukturellen Bedingungen einer Stadtentwicklung möglich werden.

Der soziologische Entdeckungsgang könnte also eine qualitative Annäherung darstellen, um in kleinen Schritten eines fallweisen Erkenntnisfortschritts Wissenskomponenten der sozialstrukturellen Analyse, der handlungsbezogenen Sozialraumentwicklungen und der Verstehensleistungen raumbezogener Lebensweltdeutung miteinander zu verbinden und darüber zu weiteren Fragestellungen anzuregen. Es sollen sich darüber einzelfallbezogen wie typologisch verallgemeinernd städtische Vorstellungsbilder in ihrer Inhaltlichkeit und ihren Entstehungsbedingungen beschreiben und verstehen lassen. Allgemeinere Informationen über die sozialökonomische und soziokulturelle Prägung und Binnendifferenzierung der Stadt Oldenburg (und ihres Umlandes) würden demnach weitgehend in personenbezogene Individualanalysen der Vorstellungsbilder einzubeziehen sein, eine Zielsetzung, die sich über die Anwendung nicht standardisierter Interviews umsetzen läßt.

Offen bleibt dabei immer noch das schwierige methodologische Problem, wie sich eine Verallgemeinerung (und Repräsentativität) herstellen läßt, wenn im Wesentlichen über "Einzelfallanalysen eine schrittweise Entdeckung allgemeiner Strukturen sozialen Handelns" angestrebt wird (H.-D. SOEFFNER 1985, S. 148). Möglicherweise ist der von P. MEIER-

DALLACH (1987) für die Regionalforschung vorgeschlagene "dritte Weg", nämlich die "Annäherung des Qualitativen und des Quantitativen in der Typologie" eine Lösungsmöglichkeit für den Arbeitsschritt der Verallgemeinerung der Ergebnisse aus den kontextbezogenen Individualanalysen einerseits und den sozioökonomischen Strukturanalysen andererseits (vgl. auch ASCHENBACH u. a. 1985, S. 28f, zur Verwendung von Typologien als methodischem Darstellungs- und Verstehensprinzip sowie KÜBLER 1984, S. 64 über die Relativierung des quantitativen Repräsentativitätspostulates in der qualitativen Sozialforschung.)

Inhaltlich ginge es mittels der Anwendung der "Gegenstandsbezogenen Theorie" darum, einerseits die Fragestellungen der einzelnen Arbeitshypothesen phasenweise für sich zu bearbeiten, sie andererseits in einem übergreifenden Zusammenhang zu sehen und deshalb unter dem übergeordneten Fragenhorizont weniger Forschungsfelder in Beziehung zueinander zu setzen, um so zu tieferem Erkenntnisgewinn zu gelangen. Als übergreifende *Forschungsfelder* würden die folgenden Gegenstandsbereiche zu thematisieren sein:

- Das Stadt-Image und seine Entstehung aus kommunalem und ökonomischem Verwertungsinteresse
(betrifft die Arbeitshypothesen 1 und 2)

- Die städtischen Vorstellungsbilder der Bevölkerung und ihre Beziehung zum Alltagsverhalten
(betrifft die Arbeitshypothesen 4 und 6)

- Die über die Alltagsnutzung hinausgehende symbolische Bedeutung städtischer Vorstellungsbilder
(betrifft die Arbeitshypothesen 4, 5, 7, und 8)

- Der Grad an Fremd- oder Selbstbestimmtheit in der Stadtwahrnehmumg und bei der Genese von Vorstellungsbildern
(betrifft die Arbeitshypothesen 3, 4, 8, 9, und 10)

5. Schlußbemerkung

Nach der ausführlichen theoretischen und methodologischen Entwicklung eines Forschungskonzepts für die Untersuchung städtischer Images und Vorstellungsbilder ist es Aufgabe der empirischen Erarbeitung und darauffolgenden Ergebnisdarlegung, dem allgemein formulierten Erkenntnisanspruch gerecht zu werden.

Die praktische Forschungsarbeit zum "Image von Oldenburg" ist abgeschlossen, der Ergebnisbericht wird in Kürze als eigene Publikation vorgelegt.

III. Literaturverzeichnis

G. ASCHENBACH, E. BILLMANN-MAHECHA, W. ZITTERBARTH (1985): Kulturwissenschaftliche Aspekte qualitativ psychologischer Forschung. In: G. JÜTTERMANN (Hg.): Qualitative Forschung in der Psychologie. Weinheim, S. 25-44

R. BAUMGART (1987): Postmoderne - Fröhliche Wissenschaft? Über eine lange verschleppte, leergedroschene Frage. In: DIE ZEIT Nr. 43, S. 67f

G. BECK (1982): Der verhaltens- und entscheidungstheoretische Ansatz. Zur Kritik eines modernen Paradigmas in der Geographie. In: P. SEDLACEK (Hg.): Kultur- und Sozialgeographie. S. 55-89

U. BECK (1986): Risikogesellschaft. Auf dem Weg in eine andere Moderne. Frankfurt/M.

H. BECKER, D. KEIM (1978): Wahrnehmung in der städtischen Umwelt - möglicher Impuls für kollektives Handeln. 4. Aufl., Berlin

J. BERGER (1982): Die Versprachlichung des Sakralen und die Entsprachlichung der Ökonomie. In: Zeitschr. f. Soziol. 11, S. 353-365

H. BLOTEVOGEL, G. HEINRITZ, H. POPP (1986): Regionalbewußtsein. In: Berichte z. dtsch. Landeskunde Bd. 60, S. 103-114

Ch. BÖLTZ (1988): City-Marketing. Eine Stadt wird verkauft. In: Bauwelt H. 24, Stadtbauwelt 98, S. 996f

P. BOURDIEU (1976): Entwurf einer Theorie der Praxis. Frankfurt/M.

P. BOURDIEU (1982): Die feinen Unterschiede. Frankfurt/M.

K. BRAKE (1988 a): Desintegrierende Prosperität. New York - auf dem Weg zu einer "dual City"? Sozioökonomische Strukturveränderungen und räumliche Entwicklungstendenzen. In: Raum Planung 41, S. 131-138

K. BRAKE (1988 b): Phönix in der Asche - New York verändert seine Stadtstruktur. Beiträge der Universität Oldenburg zur Stadt- und Regionalplanung 5

E. CANETTI (1982): Die Fackel im Ohr. Frankfurt/M.

M. CASTELLS (1986): Die neue urbane Krise: Raum, Technologie und sozialer Wandel am Beispiel der Vereinigten Staaten. In: Ästhetik und Kommunikation. 16. Jg. S. 37ff

P.H. CHAUMBART DE LAUWE (1976/77): Appropriation de l'espace, changement social. übersetzt: Aneignung, Eigentum, Enteignung. In: Arch + , H. 34, S. 2-6

E. CHAI, D. HAGEN, J. HASSE, R. KRÜGER (1986): Heimat im Matscher Tal. Eine kulturgeographische Untersuchung zu Alltag und Identität in einem abgelegenen Hochtal Südtirols. Wahrnehmungsgeogr. Stud. z. Regionalentw., H. 4, Oldenburg

R. DANIELZYK, I. HELBRECHT (1988): Ruhrgebiet: Region ohne Gegenwart? Ansätze zu einer qualitativen Regionalforschung als Kritik. In: P. SEDLACEK (Hg.): Praxis und Programmatik qualitativer Sozialgeographie. Wahrnehmungsgeogr. Stud. z. Regionalentw., H. 6, Oldenburg (im Druck)

R. DANIELZYK, R. KRÜGER: Ostfriesland: Regionalbewußtsein und Lebensformen - eine Spurensuche nach Gestaltungsperspektiven von Regionalentwicklung und Lebensalltag. Wahrnehmungsgeogr. Stud. zur Regionalentwicklung H. 7, Oldenburg (im Druck)

R. DANIELZYK, F.R. VOLZ (Hg.) (1986): Vernunft der Moderne? Zu Habermas' Theorie des kommunikativen Handelns. Parabel, Schriftenreihe des Evangel. Studienwerkes Villigst, Bd. 3

R. DANIELZYK, C.-Chr. WIEGANDT (1985): Lingen im Emsland. Dynamisches Entwicklungszentrum oder "Provinz"? - Ansätze zu einer qualitativen Methodik in der Regionalforschung. Münstersche Geogr. Arbeiten 22

R.M. DOWNS, D. STEA (1982): Kognitive Karten: die Welt in unseren Köpfen (dtsch. Übersetzung hg. von R. GEIPEL). UTB 1126

W. DURTH (1988): Die Inszenierung der Alltagswelt. Zur Kritik der Stadtgestaltung. 2. Aufl. (Bauwelt Fundamente 47) Braunschweig, Wiesbaden

U. ECO (1972): Einführung in die Semiotik. München

R. FICHTINGER (1974): Das Ammersee-/Starnbergersee Naherholungsgebiet im Vorstellungsbild Münchner Schüler. In: Der Erdkundeunterricht H. 19, S. 11-23

K. FRAMPTON (1985): Critical regionalism: speculations on an architecture of resistance. In: C. JOHNSTON (ed.): The city in conflict. London

K. FRAMPTON (1986): Kritischer Regionalismus - Thesen zu einer Architektur des Widerstandes. In: A. HUYSSEN, K.R. SCHERPE (Hg.), S. 151-171

J. FRIEDRICHS, H. HÄUßERMANN, W. SIEBEL (1986): Süd-Nord-Gefälle in der Bundesrepublik Deutschland? Sozialwissenschaftliche Analysen. Opladen

K. GANSER (1970): Image als entwicklungsbestimmendes Steuerinstrument. In: Stadtbauwelt H. 26, S. 104f

A. GEHLEN (1963): Studien zur Anthropologie und Soziologie. Berlin-Neuwied

R. GEIPEL (1979): Einführung. In: Geographie des Mikromaßstabs, S. 5-9. Der Erdkundeunterricht H. 31

R. GEIPEL (1984): Regionale Fremdbestimmtheit als Auslöser territorialer Bewußtwerdungsprozesse. In: Berichte z. dtsch. Landeskunde 58, S. 37-46

B.G. GLASER (1978): Theoretical Sensitivity. Mill Valley, California

H. GLASER (1987): Raffinement und Sprache der postmodernen Sprachspiele. In: Frankfurter Rundschau 17.10.87, Seite ZB 3

J. HABERMAS (1981 a): Moderne und postmoderne Architektur. In: J. HABERMAS (1985 b), S. 11-29

J. HABERMAS (1981 b): Theorie des kommunikativen Handelns, 2 Bde. Frankfurt/M.

J. HABERMAS (1985 a): Der philosophische Diskurs der Moderne. Frankfurt/M.

J. HABERMAS (1985 b): Die Neue Unübersichtlichkeit. Frankfurt/M.

J. HABERMAS (1988): Die Einheit der Vernunft in der Vielheit ihrer Stimmen. In: Merkur 42, H. 467, S. 1-14

H. HÄUßERMANN, W. SIEBEL (1987): Neue Urbanität. Frankfurt/M.

A. HAHN (1986): Die Konstitution sozialer Lebensformen. Der Beitrag einer "interpretativen" Soziologie zum Verständnis "regionaler" Sozialgebilde. Diss. Oldenburg

A. HAHN, C. PAULITSCHEK (1979): Zur historischen und soziokulturellen Bedeutung der Provinz. In: Stadtbauwelt H. 64, S. 379-384

G. HARD (1984): Umweltwahrnehmung in der Stadt - Eine Hypothesensammlung und eine empirische Studie. In: H. KÖCK (Hg.): Studien zum Erkenntnisprozeß im Geographieunterricht. S. 113-165

G. HARD (1987): "Bewußtseinsräume": Interpretationen zu geographischen Versuchen, regionales Bewußtsein zu erforschen. In: Geogr. Zeitschrift 75, S. 127-148

D. HARVEY (1987): Flexible Akkumulation durch Urbanisierung: Reflektionen über "Postmodernismus" in amerikanischen Städten. In: PROKLA 69, 17 Jg., H. 4, S. 109-132

J. HASSE (1985): Welchen Sinn hat Heimat? In: Geographie und ihre Didaktik 13, S. 7-15, 75-85

W. HASSENFLUG (1977): Das Bild der Stadt bei Kindern. In: K.M. REINHARDT (Hg.): Die Geographie und ihre Didaktik zwischen Umbruch und Konsolidierung. Frankfurter Beiträge zur Didaktik der Geographie, S. 120-132

R.M. HAYNES (1981): Geographical images and mental maps. London

Th. HEINZE (1987): Qualitative Sozialforschung. Erfahrungen, Probleme und Perspektiven. Opladen

J. HIRSCH, R. ROTH (1986): Das neue Gesicht des Kapitalismus. Hamburg

D. HÖLLHUBER (1976): Wahrnehmungswissenschaftliche Konzepte in der Erforschung innerstädtischen Umzugsverhaltens. Karlsruher Manuskripte zur Mathem. u. Theoret. Wirtschafts- und Sozialgeogr. H. 19

D. IPSEN (1986): Raumbilder. Zum Verhältnis des ökonomischen und kulturellen Raumes. In: Informationen zur Raumentwicklg. H. 11, S. 921-931

D. IPSEN (1987): Räumliche Vergesellschaftung. In: PROKLA 68, 17. Jg., S. 113-130

F. JAMESON (1986): Ideologische Positionen in der Postmodernismus-Debatte. In: Argument 155, 28. Jg., S. 18-28

Chr. JENCKS (1980): Die Sprache der postmodernen Architektur. Stuttgart

A. KAMMERMEIER (1979): Wahrnehmung städtischer Umwelt. Dargestellt am Beispiel der Umstrukturierungsprozesse im Innenstadtbereich von München. In: Der ErdkundeUnterricht H. 30, S. 34-56

H. KERN, M. SCHUMANN (1985): Das Ende der Arbeitsteilung in der industriellen Produktion. München. 2. Aufl.

G. KLEINING (1982): Umriß zu einer Methodologie qualitativer Sozialforschung.In: Kölner Zeitschr. f. Soziologie u. Sozialpsychologie 34, S. 244-253

H. KLOTZ (1984): Moderne und Postmoderne. Architektur der Gegenwart 1960-1980, Braunschweig-Wiesbaden

I. KOSSAK (1988): Der Planer als Urban Manager. In: Bauwelt H. 24, Stadtbauwelt 98, S. 998f

K.-J. KRAUSE (1974): Stadtgestalt und Stadterneuerung. Frankfurt/M.-Schwanheim

R. KRÜGER (1986): Heimat: heile Welt? Heimatforschung und Geographie an der Universität Oldenburg. In: Einblicke, Forschungen an der Universität Oldenburg, Nr. 3, S. 25-28

R. KRÜGER (1987): Wie räumlich ist die Heimat - Oder: Findet sich in Raumstrukturen Lebensqualität? Gedanken zum gesellschaftstheoretischen Diskussionsstand um die 'Krise der Moderne' und die Bedeutung der Regionalforschung. In: Geogr. Zeitschr., Jg. 75, H. 3, S. 160-177

R. KRÜGER: Der Lebensraum und seine Bilder - Beispiele qualitativer Sozialforschung zum Verhältnis sozialräumlicher Realität und ihrer Wahrnehmung. In: P. SEDLACEK (Hg.): Praxis und Programmatik qualitativer Sozialgeographie. Wahrnehmungsgeogr. Studien z. Regionalentw., H. 6, Oldenburg (im Druck)

H.D. KÜBLER (1984): Rezipient oder Individuum - Beweisen oder Verstehen? Fragen der Medienpädagogik an die Wirkungsforschung In: J. de HAEN (Hg.): Medienpädagogik und Kommunikationskultus. Frankfurt/M.

W. KUNSTMANN (1986): Verständigungsprozesse und Lebenswelt. Einige kritische Anmerkungen zur "Theorie des kommunikativen Handelns" von J. Habermas. In: R. DANIELZYK, F.R. VOLZ (Hg.): Vernunft der Moderne? ... Parabel, Schriftenreihe des Evangel. Studienwerks Villigst, Bd. 3, S. 31-41

S.K. LANGER (1965): Philosophie auf neuen Wegen. Frankfurt/M.

A. LORENZER (1970): Zur Kritik des psychoanalytischen Symbolbegriffs. Frankfurt/M.

A. LORENZER (1971): Sprachzerstörung und Rekonstruktion. Frankfurt/M.

P. LÜTKE-BORNEFELD, R. WITTENBERG (1980): Das Image der Stadt Essen in der Sicht ihrer Bewohner. Bd. I: Pilotstudie; Bd. II: Qualitative Untersuchung. Untersuchung zur Stadtentwicklung, 41. u. 42. Bericht

K. LYNCH (1960): The image of the city. Boston

J.-F. LYOTARD (1983): Le différend. Paris

J.-F. LYOTARD (1986): Das postmoderne Wissen. Graz/Wien.

J.-F. LYOTARD (1987): Der Widerstreit. München

K. MAASE (1988): "Persönlicher Sinn" - "Lebenswelt" - "Habitus". Zu Forschungsproblemen einer kulturwissenschaftlichen Analyse der Lebensweise. In: Alltag-Lebensweise-Kultur. Arbeitsmaterialien des IMSF 24, S. 124-164

H.-P. MEIER-DALLACH (1987): Regionalbewußtsein und Empirie. Der quantitative, qualitative und typologische Weg. In: Berichte z. dtsch. Landeskunde 61, S. 5-29

G.T. MOORE (1979): Knowing about environmental knowing. The current state of theory and research on environmental cognition. In: Environment and Behavior 11, S. 33-70

J. OSSENBRÜGGE (1987): Raumbezogene Konflikte und ökologische Modernisierung. Zur politischen Systemintegration von Raumansprüchen der außerpalamentarischen Bewegung. Vortrag auf dem 46. Dtsch. Geographentag. München (Manuskript)

D. PARTZSCH (1964): Zum Begriff der Funktionsgesellschaft. In: Mitteil. des Dtsch. Verbandes f. Wohnungswesen, Städtebau u. Raumplanung, H. IV, S. 3-10

D. POCOCK, R. HUDSON (1978). Images of the urban environment. London

E. RELPH (1976): Place and placelessness. London

M. RÜB (1986): Konsensus oder Différend? Haben sich Jürgen Habermas und Jean-François Lyotard (noch) etwas zu sagen? Versuch eines Vergleichs. In: R. DANIELZYK, F.R. VOLZ (Hg.): Vernunft der Moderne? ... Parabel, Schriftenreihe des Evangl. Studienwerks Villigst, Bd. 3, S. 87-99

K. RUPPERT, F. SCHAFFER (1969): Zur Konzeption der Sozialgeographie. In: Geogr. Rundschau, Jg. 21, S. 205-214

H.-D. SCHULTZ (1981): Die Stadt als erlebte Umwelt. Osnabrücker Stud. zur Geographie, Bd. 3

P. SEDLACEK, Hg.: Praxis und Programmatik qualitativer Sozialgeographie. Wahrnehmungsgeogr. Stud. z. Regionalentwicklung H. 6, Oldenburg (im Druck)

H.-G. SOEFFNER (1980): Überlegungen zur sozialwissenschaftlichen Hermeneutik am Beispiel der Interpretation eines Textausschnittes aus einem "freien" Interview. In: Th. HEINZE, H.W. KLUSEMANN, H.G. SOEFFNER (Hg.): Interpretationen einer Bildungsgeschichte. Überlegungen zur sozialwissenschaftlichen Hermeneutik. Bensheim

H.-G. SOEFFNER (1985): Anmerkungen zu gemeinsamen Standards standardisierter und nichtstandardisierter Verfahren in der Sozialforschung. In: Jahrbuch d. Fernuniversität Hagen, S. 140-149

A. STRAUSS (1984): Qualitative analysis in social research: grounded theory methodology. Fernuniversität Hagen.

S. TZSCHASCHEL (1986): Geographische Forschung auf der Individualebene. Münchner Geogr. Hefte 53

H. TREINEN (1974): Symbolische Ortsbezogenheit. Eine soziologische Untersuchung zum Heimatproblem. In: P. ATTESLANDER u. B. HAMM (Hg.): Materialien zur Siedlungssoziologie, S. 234-259

YI-FU TUAN (1977): Space and place. The perspective of experience. London

R. VENTURI (1972): Learning form Las Vegas

B. VOLMBER, Th. LEITHÄUSER, U. VOLMBERG (1982): Politisches Bewußtsein als Untersuchungsfeld interpretativer Sozialforschung. Bremer Beiträge zur Psychologie, Nr. 7

A. WELLMER (1985): Zur Dialektik von Moderne und Postmoderne. Vernunftkritik nach Adorno. Frankfurt/M.

W. WELSCH (1987 a): Unsere postmoderne Moderne. Acta Humaniora. Weinheim

W. WELSCH (1987 b): Die Philosophie der Mehrsprachlichkeit. Postmoderne und technologisches Zeitalter. In: Die politische Meinung, 32. Jg. H. 231, S. 58-68

A. WITZEL (1985): Das problemzentrierte Interview. In: G. JÜTTEMANN (Hg.): Qualitative Forschung in der Psychologie. Weinheim, S. 227-255

G. WOOD (1985): Die Wahrnehmung sozialer und bebauter Umwelt, dargestellt an städtebaulichen Problemen der Großstadt Essen. Wahrnehmungsgeogr. Stud. z. Regionalentw., H. 3, Oldenburg

nach Abschluß des Manuskripts erschienen:

J. HASSE (1988): Die räumliche Vergesellschaftung des Menschen in der Postmoderne. Karlsruher Manuskripte zur Mathem. u. Theoret. Wirtschafts- u. Sozialgeographie, H. 91

900523